홈스쿨링을 시작하는 아버지가 꼭 알아야 할 것들

[시리즈] 시리즈의 성숙한 삶의 기술을 가진 자녀로 키워내는 홈스쿨의 핵심
홈스쿨링을 시작하는 아버지가 꼭 알아야 할 것들

초판 1쇄 인쇄 2019년 9월 5일
초판 1쇄 발행 2019년 9월 15일

지은이 마이클 패리스
옮긴이 임종원

펴낸이 조현철
펴낸곳 카리스
출판등록 2010년 10월 29일 제406-2010-000097호
주소 경기도 파주시 풍뎅이길 26-15, 2F

전화 031-943-9754
팩스 031-945-9754
전자우편 karisbook@naver.com
총판 비전북 (031-907-3927)

값 13,000원

ISBN 979-11-86694-07-7 04230
(세트) 979-11-86694-06-0

· 이 책의 판권은 카리스에 있습니다.
· 잘못된 책은 바꿔드립니다.
· 이 책의 전부 또는 일부 내용을 재사용하려면
  사전에 저작권자와 카리스의 동의를 받아야 합니다.

홈스쿨 시리즈 01

성숙한 삶의 기술을 가진 자녀로 키워내는 홈스쿨의 핵심

홈스쿨링을 시작하는
아버지가 꼭 알아야 할 것들

마이클 패리스 지음 | 임종원 옮김

카리스

홈스쿨링은
아버지가 중심에 서야 한다

✳

오늘날 우리나라에서 나타나는 교육 양상에는 크게 세 가지 흐름이 있다. 곧 공교육 제도와 대안 교육 운동 그리고 원안 교육으로서 홈스쿨 운동이다.

공교육 제도에 대해 먼저 이야기해 보자. 인류 역사상 공교육은 200~300년 정도로 그리 오래 되지 않았는데, 산업혁명이후 인류의 지배적인 교육 흐름으로 완전히 자리 잡게 되었다. 공교육 제도는 잘 알다시피 인본주의 사상을 기반으로 하고, 마치 벽돌 공장에서 단기간에 똑같은 벽돌을 대량으로 찍어내듯 획일적인 방식으로 국가와 산업 사회에 충성하는 보통 시민을 양성하는 것을 목표로 내세우고 있다. 기독교인의 입장에서 공교육을 좀 더 깊이 들여다보면 방법론적 무신론

자를 양성하는 체계라고 할 수 있다. 다시 말해, 그 과정을 거치고 나면 자연스럽게 '아, 하나님은 없네'라고 결론을 내리게 만드는 무신론적 인본주의자들을 길러내는 것을 목표로 삼고 있는 교육 제도다. 여기에는 인본주의자들의 무서운 전략이 깊숙이 숨어 있다.

이러한 공교육에 대한 반발 또는 반작용으로 일어난 새로운 교육 흐름이 대안 교육 운동이다. 학교의 획일적이고 인본주의적인 교육 내용이나 수업 방식을 다양한 교육으로 전환하고, 무엇보다 신본주의 교육으로 바꿔 보자는 게 기독교 대안 교육 운동이라고 할 수 있다. 그런데 이 대안 교육 운동은 학교라는 구조를 그대로 유지했다. 그리고 부모들이 주체적으로 참여할 수 있는 영역을 늘리긴 했지만 아주 제한적으로 교육에 참여할 수밖에 없는 체제였다. 또한 교육이 대부분 가정 밖에서 이루어지기 때문에 온 가족이 함께 참여하는 가정 교육이라는 측면에서는 한계를 드러낼 수밖에 없다.

하나님이 디자인하신 원안 교육

그런 까닭에 자녀 양육의 주체적인 책임을 깨달은 부모들은 가정을 교육 현장으로 삼아 자녀 교육에 더욱 적극적으로 참여할 수 있는 방법을 모색하게 되었다. 그게 바로 이 책에서 이야기하고자 하는 원안 교육, 곧 홈스쿨 운동이다.

성경은 우리에게 사람이 하나님의 형상을 따라 지음을 받았으며창세기 1:26-27, 언제 어디서 무엇을 하든지 하나님의 영광을 위해 살아야 한다고 강조한다고린도전서 10:31.

> 하나님이 이르시되 우리의 형상을 따라 우리의 모양대로 우리가 사람을 만들고 그들로 바다의 물고기와 하늘의 새와 가축과 온 땅과 땅에 기는 모든 것을 다스리게 하자 하시고 하나님이 자기 형상 곧 하나님의 형상대로 사람을 창조하시되 남자와 여자를 창조하시고창세기 1:26-27
>
> 그런즉 너희가 먹든지 마시든지 무엇을 하든지 다 하나님의 영광을 위하여 하라고린도전서 10:31

비록 타락한 존재이기는 하지만, 우리는 그와 같은 하나님의 설계와 목적을 회복해야 한다. 또한 성경은 자녀를 양육하는 일차적인 책임이 부모에게 있음을 분명히 말하고 있다신명기 6:4-7, 잠언 22:6, 에베소서 6:4. 성경을 통해 분명히 알 수 있는 사실은, 하나님은 자녀 양육의 일차적 책임과 권리를 부모에게 맡기셨다는 것이다. 다시 말해, 자녀 교육에 대한 책임을 국가나 정부, 또는 교육 기관이나 학원에 맡기지 않고 부모에게 주셨다. 그것은 자녀 양육의 중심이 부모와 가정이 되어야 한다는 의미다. 또한 성경에서는 말씀과 믿음을 중심으로 하는 신앙 교육이 우선되어야 한다고 강조한다 신명기 6:4-7.

> 이스라엘아 들으라 우리 하나님 여호와는 오직 유일한 여호와이시니 너는 마음을 다하고 뜻을 다하고 힘을 다하여 네 하나님 여호와를 사랑하라 오늘 내가 네게 명하는 이 말씀을 너는 마음에 새기고 네 자녀에게 부지런히 가르치며 집에 앉았을 때에든지 길을 갈 때에든지 누워 있을 때에든지 일어날 때에든지 이 말씀을 강론할 것이며 신명기 6:4-7
>
> 마땅히 행할 길을 아이에게 가르치라 그리하면 늙어도 그것을 떠나지 아니하리라 잠언 22:6
>
> 또 아비들아 너희 자녀를 노엽게 하지 말고 오직 주의 교훈과 훈계로 양육하라 에베소서 6:4

그래서 원안 교육이란 '태초에 하나님이 설계하신 가정과 자녀 양육의 목적과 비전을 회복하려는 운동'이라고 할 수 있겠다. 곧 원안原案, original design 을 회복하려는 몸짓이다. 하나님이 설계하신 가장 작은 교회인 가정 중심으로 이루어지는 자녀 양육으로서 가정 회복 운동이다. 또한 교육 주체가 다른 사람이 아닌 부모를 중심으로 이뤄지는 교육 주권 회복 운동이기도 하다. 끝으로 인본주의와 무신론에 물들지 않도록 어려서부터 말씀과 믿음을 중심으로 가르치고자 하는 영성 회복 운동이다. 간단히 정리하자면 원안적인 가정, 원안적인 자녀 양육, 원안적인 삶을 회복하려는 통합적인 운동이라고 할 수 있다. 나아가 부모들이 성경적인 자녀 양육을 통해 하나님이 디자인 하신 비전의 아이로 키워내고 경건한 다음 세대를 세워가려는 몸부림이다.

아버지들이여, 홈스쿨링의 중심에 서라

현재 미국에서 홈스쿨링으로 배우는 자녀들은 대략 300만 명으로 추산되고 있으며, 국내에서도 차츰 홈스쿨링 하는 가정들이 늘어나고 있다. 그런데 홈스쿨 운동이 활발한 미국뿐만 아니라 세계 대부분 가정에서 홈스쿨링을 실제적으로 이끌어가는 건 주로 어머니다. 자녀들과 함께 많은 시간을 보내면서 때로는 교사, 친구, 상담가로서 역할을 다하고 있다. 그러다보니 어머니들은 수많은 가사 노동과 교육적 책임을 다하느라 지치기도 하고, 특히 한국 사회에서 제도적·사회적 인정을 받지 못하는 가운데 홀로 불안한 분투를 이어가는 경우가 많다. 대개 아버지들은 가정의 생계를 책임지다 보니 함께하는 시간이 많이 부족하고, 가정에서 홈스쿨링에 대한 참여도가 낮을 수밖에 없다. 그런데 왜 아버지가 홈스쿨링의 중심에 서서 결정적인 역할을 감당해야 한단 말인가?

내가 즐겨 쓰는 홈스쿨링에 대한 정의는 '온 가족이 함께 떠나는 즐거운 믿음 여행'이다. 그런데 이 여행에서 가장家長아버지의 중요한 역할이 제대로 이해되거나 평가되지도 못하고, 결국 많은 아버지들은 어떤 역할을 감당해야 할지 고민하기도 한다. 설령 홈스쿨 가정이 아니라고 해도, 마이클 패리스의 말처럼 아버지는 가정의 영적 지도자이며, 나침반과 같은 역할을 맡아야 한다. 아버지의 방향성과 영적 지도력이 홈스쿨 가정이 어떤 풍파에도 좌절하지 않고 더욱 힘차게 나아가도록 이끄는 힘이다. 아버지는 홈스쿨링을 실질적으로 이끌어가는 어머니가 지치지 않도록 격려하는 협력자일 뿐 아니라 자녀들에게 적절한 통찰과 커리어를 쌓을 수 있도록 가르치는 멘토이다.

물론 이 책에서는 생계를 위해 바쁜 아버지들의 어깨에 더 많은 짐을 무겁게 얹어놓으려는 게 아니다. 오히려 분명한 것은 홈스쿨 아버지들이 어떤 관점과 자세를 견지하며 나아가야 하는지 명확하게 일러준다는 점이다. 아내가 혼자 고민하고 판단하는 어려움을 방치하지 않는 것, 아버지의 통찰로 아내를 돕는 것, 지친 아내가 쉴 수 있도록 시간과 휴식을 제공하는 것, 자녀들이 생애 목표와 비전을 발견하도록 돕고 결혼을 준비시키고 세상 속에서 건강한 시민으로 살아가게 도와주는 것 등 아버지의 올바른 역할을 확실히 제시하고 있다. 그리고 이러한 역할들을 아버지가 제대로 감당해 줄 때 우리 가정의 홈스쿨 여행은 훨씬 멋지게 하나님의 원안 공동체를 향해 전진해 나갈 것이다.

국내에서도 홈스쿨 인구는 증가하는 추세다. 홈스쿨링에 관심을 갖는 가정들과 이제 막 홈스쿨링을 시작하려는 가정들도 늘고 있다. 안타깝게도 여러 가지 이유로 중도에 포기하고 다시 학교로 돌아가는 가정들도 간혹 생겨난다. 근 20년 동안 많은 홈스쿨링 관심자들과 초보 홈스쿨 가정들을 상담하고 조언하면서 가장 안타까운 것은 많은 사람들이 맨땅에 헤딩하듯 시작한다는 점이다. 지속가능한 홈스쿨링을 위해 어떤 준비가 필요한지 미처 충분히 생각해 보지 않는다는 것이다.

이 책은 홈스쿨링에 대한 실제적인 방법과 교재, 교수 방법에 대해서는 시원하게 설명해 주지 않는다. 웹사이트와 시중에서 팔리는 도서들을 통해 그러한 자료는 얼마든지 충분히 얻을 수 있다. 또한 홈스쿨링의 모양과 색깔은 각 가정마다 다르기 때문에 어떤 방법으로 가르치고, 어떤 교재를 쓰는지는 크게 중요하지 않아 보인다. 다만 이 책에서는 아버지들이 성공적인 홈스쿨링으로 이끌어가기 위해 반드시 알아야 할 것들에 대해 강하게 도전하고 있다. 미국 저자의 이야기라 현재 한국의 상황에 비춰 볼 때 어느 정도 문화적인 거리감을 느낄 수도 있지만, 성경적·본질적인 부분에서는 분명히 아버지들에게 가장 필요하고 통찰 가득한 조언을 전해 준다.

샬롯 메이슨은 우리에게 '부모들이야말로 이 세상에 존재하는 가장 흥미 있고 가치 있는 직업'이라고 격려한다. 반면 이 세상과 우리 사회는 정반대로 떠들어대고 있지 않은가! 경력 단절이니, 자아실현이니 하면서 계속해서 우리를 속이고 있다. 가정을 버리고, 부모 역할을 버리고, 아이들을 버리고, 자기 인생을 찾아 사회와 세상으로 나가라고 부르짖는 세대다. 이 도도한 세상의 흐름 속에서 아버지들이 흔들리지 말고 든든히 중심을 잡고 힘을 내서 끝까지 이 믿음의 경주에 임하길 응원한다. ❀

2019년 8월 31일
임종원

차 례

1장

아버지의 영적 지도력이
가족을 이끈다

인간의 책임이라는 관점에서 아버지의 영적 지도력은 가정에서 홈스쿨링이 굳건히 세워지기 위한 단단한 기초와 같다. 아버지는 당연히 자녀들이 성공하길 원하기에 자녀들의 성공을 위해 든든한 기초를 제공해 줄 수 있어야 한다. 아버지들이여, 이제 실질적인 영적 지도가가 되어야 한다.

❋

　모든 기독교인 아버지들은 가정에서 효력 있는 영적 지도력을 발휘할 필요가 있다. 특히 홈스쿨링 가정에서 영적 지도력의 필요성은 더욱 중대하고 결정적이다. 아버지가 신뢰할 만한 영적 지도력을 충분히 발휘하지 못한다면 아내와 아이들을 아무런 권세나 무기 없이 영적 전쟁터로 내모는 것과 같다.

　기독교인 아버지들이 자녀들을 홈스쿨링으로 키우려고 할때 너무 불안해하거나 의문을 가질 필요가 없다. 홈스쿨링으로 자란 자녀들도 충분히 읽을 수 있다. 물론 읽을 수 있을 뿐만 아니라 충분히 생각할 수도 있다. 그 아이들은 영적·도덕적 가치를 마음속 깊이 새겨 넣을 수 있으며, 늘 가족적인 환경에서 살게 된다. 또한 홈스쿨링으로 자란 자녀들은 어른들뿐만 아니라 또래가 아닌 다양한 연령대의 아이들과도 충분히 사회성을 발휘하며 '잘 어울릴' 수 있다. 일반적으로 홈스쿨링으로 자라난 아이들은 탁월한 배우자이자 부모, 시민이자 노동자로 성장하게 될 것이다. 이처럼 홈스쿨링은 충분히 효과를 나타내고 있다.

물론 부모가 가정에서 탁월한 홈스쿨링 안내자가 되기 위해 굳이 전문적인 훈련을 받아야 할 필요는 없다. 그러나 아이들이 걸음마를 떼는 순간부터 성인으로 독립하기까지 오랫동안 이 과업을 지속적으로 감당하기 위한 끈기를 가지려면 반드시 하나님의 능력이 부어져야만 한다. 홈스쿨링 가정의 부모들 사이에서는 '탈진'에 관한 이야기가 자주 회자된다. 물론 여러 가지 좋은 학문적인 조언들이 있겠지만, 기독교 홈스쿨링 가정의 탈진을 막는 유일한 방책은 전능하신 하나님의 능력을 의지하는 것이다.

탈진을 막는 방책에서 학문적인 전략들은 단지 참고하는 정도에 지나지 않는다. 성령은 그저 단순한 학문적인 상담자가 아니다. 성령은 우리 삶에 전능하신 하나님의 권능을 불러일으킬 수 있도록 삼위일체 하나님 중에서 친히 우리 안에 내주하시는 위격이다. 누구든 지쳐 있는 홈스쿨 엄마에게 물어보라. 이때에는 지식적이고 이론적인 조언이 필요한 게 아니다. 대체로 뭘 해야 할지 잘 알고 있다. 다만 마땅히 해야 한다고 알고 있는 것들을 실제로 거뜬히 수행해 낼 수 있는 내적인 힘이 필요할 뿐이다.

모든 홈스쿨 아버지들은 아내와 자녀들이 영적 능력을 부여받아야 할 필요가 있음을 세심하게 살피고, 이에 대한 가장의 임무를 성실히 감당해야 한다. 홈스쿨링을 한다는 이유로 가족들이 친구, 이웃, 친척들에게 조롱을 당할지도 모른다. 관공서와 교육부로부터 이런저런 압력을 받을 수도 있고, 영적 전쟁에 직면할 가능성도 높다. 아버지들은 수많은 버거운 일들을 앞장서서 담대히 감당해야 할 필요가 있다.

그렇다고 해서 아버지가 가족들의 필요에 맞춰 영적 능력을 공급하는 일을 직접 감당해야 한다는 것은 아니다. 그것은 온전히 하나님의 몫이다. 그럼에도 어떤 아버지든 하나님의 능력이 가족 모두에게 자유롭게 흘러넘치고 있는지 살펴야 할 영적 책임이 있다. 다시 말해 가정에 대한 영적 지도력을 발휘하면서 가정 '목회자'로서의 역할을 충실히 감당해야 한다.

홈스쿨링은 다른 어떤 교육 형태보다 영적 성공을 거둘 수 있는 커다란 잠재력을 갖고 있다. 사탄 역시 이 사실을 매우 잘 알고 있다. 사탄은 우리 홈스쿨링이 번성하는 것을 달가워하지 않는다. 어둠의 세력들은 단지 읽고 쓸 줄 알 뿐만 아니라 경건한 가정생활을 통해 성경적으로 생각하고 영적 전쟁을 용감하게 수행할 줄 아는 자녀들이 자라나는 것을 바라지 않는다. 그러므로 일단 홈스쿨링을 하겠다고 결정을 내렸다면, 아버지는 가정에서 상당히 많은 영적 지도력을 발휘해야 할 필요가 있다는 사실을 깨달아야 한다. 아버지로서 자녀들을 홈스쿨링으로 키우기를 원한다면 반드시 가정을 위한 영적 지도자가 되겠다고 헌신해야 한다.

일반적으로 아버지의 영적 지도력이 일상생활에서 제대로 발휘되는 기독교 가정은 많지 않다. 대다수 거듭난 아버지들의 가정에서 대충 엉성하게 살아가는 평범한 삶이 흔히 보여지는 모습이다. 이러한 아버지들의 절대 다수가 오히려 직장 업무에 있어서는 매우 역동적이고 효과적인 지도자이자 일꾼들이다. 그런데 가정에서는 사람이 바뀐 듯이 더욱 느긋하고 태평스럽게 행동한다. 슬픈 사실은, 비즈니스계에서는 매우 역동적인 많은 지도자들이 대부분 영적으로는 태만하기 이를 데 없는 사람이라는 점이다.

좀 더 진지하게 생각해 보자. 필자는 가정에서 영적 지도자인 것보다 사회적 영역에서 영적 비전을 제시하는 사람으로 널리 알려져 있다. 나름대로 인생에서 그럴싸한 성공을 거두었음을 얼마든지 입증해 보일 수도 있다. 반면에 여전히 힘겹게 싸우고 있는 다른 영역들도 상당히 많다.

최근 나는 수년 동안 써왔던 아내의 기도 일기를 보고 뒤통수를 크게 얻어맞은 듯 멍해졌다. 매우 오랫동안 아내의 가장 절실한 기도 제목은 이것이었다.

주님, 남편 마이크가
우리 가정을 이끄는 영적 지도자가 되게 해 주세요.

이 사실을 깨닫고 나서 아주 많이 겸손해질 수 있었다. 최근 몇 년 동안은 이 기도 제목이 우선순위에서 조금 내려온 것으로 위안을 삼고 있다. 지금 내가 무슨 말을 하고 있는지 이미 당신도 눈치 챘을 것이다. 때때로 청중 앞에 자주 서게 되는 기독교인 강사들은 여러 가지 질문을 받을 때마다 마치 완전히 통달한 것 같은 인상을 준다. 지금 가르치고 있는 영적 원리들이 제대로 작동하지 않는 듯한 인상을 줄까 두려워서 개인적인 연약함에 대해 이야기하길 꺼리는 마음 때문에 더욱 강하게 그런 모습을 보여주려고 애쓴다.

그런데 청중들은 전혀 다른 관점으로 바라본다. 대부분 그들은 이러한 영적 원리들에 대해 자신에게 적용하기에는 불가능한 것으로 받아들이는 경우가 많다. 왜냐하면 그게 영적으로 완전에 가까운 삶을 살아가고 있는 것처럼 보이는 사람들이 이야기를 전하기 때문이다. 즉 영적으로 완전해 보이는 그 원리들 때문에 오히려 의기소침해 하는 경향을 보이게 된다. 그래서 집으로 돌아오면 자기 혼자라도 그런 가르침과 원리들을 실천해 보겠다는 한 가닥 소망과 의지마저 놓아 버리고 만다.

영적 지도력은 우리 자신과 가족들에게 너무나 중요하다. 완벽한 척하는 모습 때문에 내가 당신을 넘어지게 할 수는 없는 노릇이다. 우리가 각자 삶의 영역에서 성공하기 위해서는 독자와 저자로서 하나님이 우리에게 갖고 계신 목표를 함께 달성하기 위해 노력하겠다고 다짐하는 것이 매우 중요하다. 나 또한 이 책에서 제시하는 여러 교훈들을 여전히 지금도 배우고 있다.

미국에서는 1970년대부터 홈스쿨 운동이 본격적으로 시작되었는데, 그 이후로 급속히 성장하고 있다. 이런 현상에 대해 흔히 "평범한 부모, 대단한 아이들"이라고 지칭한다. 주변 사람들은 홈스쿨링으로 자라난 아이들을 보면서 이렇게 말한다.

"와, 정말 대단한 아이들이네요. 우리 아이들도 이렇게 자랄 수 있으면 좋겠네요."

그 다음으로 부모를 바라보면서 이렇게 말한다.

"그런데 저 부모들은 그냥 평범한 사람들이잖아? 저 사람들이 할 수 있다면 나도 역시 할 수 있겠는 걸."

마찬가지로 이 책을 쓰는 과정에서 나 역시 가정에서 영적 지도자로서 책임을 제대로 감당하기 위해 노력하고 있다. 동시에 상당히 높은 수준의 사회적인 책임의식을 갖고 여러 사역에도 헌신하려고 노력하는 중이다. 이런 모습이 나와 같은 평범한 아버지들에게 조금이나마 격려가 될 수 있기를 바란다. 만약 내가 영적으로 성공적인 자녀들을 키울 수 있다면 당신도 역시 할 수 있다.

가정의 영적 목표를 갖는다는 것

흔히 아버지들은 다음과 같은 역할을 통해 영적 지도력을 발휘할 것을 요청받는다.

- □ 매주 아내와 자녀들을 데리고 교회에 간다.
- □ 아내와 자녀들을 위해 정기적으로 기도한다.
- □ 규칙적으로 가정예배를 인도한다.

대다수 아버지들은 이 세 가지 목표 가운데 첫 번째 역할만 어느 정도 일관성 있게 달성하는 모습을 보여준다. 영적 지도자의 의무 가운데 세 가지 모두를 꾸준히 수행해야 한다는 사실에는 의심의 여지가 없다. 그런데 최근에 나는 이러한 의무들이 우리가 달성해야 할 목표라기보다 단지 가정에서 영적 지도력을 발휘하는 몇 가지 방법에 지나지 않는다는 사실을 새삼 깨달았다. 사실상 우리가 영적인 목표 달성에 초점을 맞추기보다 단지 이 세 가지에만 초점을 맞춘다면 이와 같은 의무들은 내키지는 않지만 어쩔 수 없이 감당해야 하는 일로 다가오게 된다. 마치 하기 싫은 집안일을 억지로 하는 경우처럼 영적인 부분에서도 마찬가지다.

최근에 나는 우리 아이들을 향한 영적인 목표에 새롭게 초점을 맞추었고, 이러한 의무들을 제대로 수행해 보겠다는 의욕이 불타오르기 시작했다. 세 가지 의무가 반드시 수행해야 할 책임이라기보다 바람직한 목표에 도달하기 위한 수단으로 바라보게 된 것이다. 교회에서 부모들을 위한 세미나를 열어 가정들을 훈련하는 동안 내게 이런 초점의 변화가 생겼다. 우리 자녀들이 가정을 떠날 때 영적으로 잘 준비된 성인기를 맞이할 수 있도록 제대로 준비시켜야 할 책임이 아버지인 나에게 있다는 사실을 새롭게 깨닫게 되었다. 이제 곧 성인으로 자라날 두 딸이 있다는 사실도 이런 생각을 더욱 확고하게 만드는 데 기여했다.

세미나에 참여한 부모들과 나는 우리 자녀들에게 가지고 있는 영적 목표들을 나누기 시작했다. 이전까지 우리 가운데 어느 누구도 자녀들을 위한 영적 목표를 구체적인 목록으로 만들어본 적이 없었다. 이 과정에서 우리는 영적인 목표를 명확하게 설정하지 않으면 그저 막연한 성과밖에 거둘 수 없었다는 것을 깨달았다. 또한 명확한 영적 목표를 갖는다는 것은 우리가 그것을 어떻게 실행하고 있는지 평가할 수 있게 해준다. 그래서 우리는 자녀들의 영적 훈련과 발전을 위해 더욱 구체적인 계획을 짤 수 있었다.

어떤 군대 사령관도 병사들을 아무렇게나 대충 훈련시키지는 않는다. 전투에서 승리하는 군인을 양성하기 위해서는 체계적으로 계획된 일정에 따라 점점 훈련의 강도를 높여간다. 마찬가지로 우리 자녀들을 아무 계획도 없이 훈련하려는 것은 위험하다. 자녀들을 영적으로 훈련하는 것은 다른 무엇보다 중요한 부모의 의무다. 하나님이 우리에게 맡기신 영적 군사들을 훈련하기 위한 목표와 계획을 발전시키는 것 또한 반드시 필요하다.

우리는 세미나에 참여한 부모들과 함께 자녀들이 성인으로 자라 가정을 떠나가기 전에 확실하게 만들어 주고 싶은 12가지 영적 목표를 만들었다.

□ 우리 자녀는 구원의 확신을 갖고 있다.
□ 우리 자녀는 하나님의 말씀을 사랑하고 이해한다.

- 우리 자녀는 옳고 그름에 대한 하나님의 법을 깨닫고 기꺼이 거기에 순종한다.
- 우리 자녀는 성숙한 태도로 하나님과 동행한다.
- 우리 자녀는 하나님이 허락하시는 영적 은사와 부르심을 알고 있다.
- 우리 자녀는 다른 사람들에게 영적인 진리를 가르칠 수 있다.
- 우리 자녀는 복음에 대한 탁월한 증인이다.
- 우리 자녀는 날마다 하나님과 함께 시간을 보낸다.
- 우리 자녀는 종의 마음을 갖고 있다.
- 우리 자녀는 자기 절제의 태도를 갖고 있다.
- 우리 자녀는 지역 교회를 통해 교제하고 봉사하면서 그 권위에 순종한다.
- 우리 자녀는 기도의 능력을 이해한다.

이 목록을 살펴보면서 우리 집의 큰아이들은 목표 가운데 몇 가지를 이미 달성했다는 사실을 깨달았다. 그러나 중요한 목표 가운데 일부는 분주한 청소년기를 보내면서 이래저래 흘려버린 것은 아닌지 걱정이 되었다. 목록을 만드는 작업은 우리 자녀들의 삶 가운데 이런 특징들이 깊숙이 스며들도록 세밀하게 계획하고 실행했는지 다시금 되돌아보는 기회를 제공해 주었다.

물론 자녀들이 이런 수준까지 도달하면 좋겠다고 생각하는 다른 영적 목표들도 많다. 그렇다고 이 목록들이 자녀들을 기진맥진하게 만들려는 의도로 작성된 것은 아니다. 단지 영적 지도력에 있어서 매우 중요한 목표 설정을 좀 더 자세히 설명하고 제시하려는 것뿐이다. 간단히 말해 아버지가 영적 지도력을 발휘하기 위해서는 다음과 같은 것들이 요구된다.

- □ 자녀들을 위한 영적인 목표를 구체적으로 설정해야 한다.
- □ 이 목표를 달성하기 위해 필요한 실제적인 활동들과 훈련을 계획해야 한다.
- □ 자녀들의 성장과 발전을 주기적으로 진단하고 평가해야 한다.

자녀들에 대해 분명한 영적 목표를 갖고 있지 않은 아버지는 결국 영적으로 둔감한 자녀로 양육하게 된다.

가정에서의 영적 지도력을 어떻게 키울까?

혹시 가족들을 위해 의미 있는 영적 활동을 계획하다가 좌

절해 본 적 있는가? 일단 자녀들을 위해 영적 목표를 설정하고 나면 구체적인 실행 계획을 짤 수 있고, 여러 가지 활동을 계획하기가 쉬워진다. 만약 자녀들이 날마다 말씀을 가까이하길 원한다면 이 목표에 도달하기 위한 활동을 계획할 필요가 있다. 또 자녀들이 복음을 효과적으로 전하길 원한다면 복음을 증거할 수 있는 기회를 만들어 주어야 한다. 이에 앞서 먼저 아버지가 복음을 증거하는 모습을 자녀들에게 보여주는 것이 중요하다. 또 복음 증거의 가치를 올바르게 인식하고 하나님의 관점으로 복음 증거를 바라볼 필요도 있다.

여러 해 동안 우리 집 큰아이들이 날마다 말씀을 가까이할 수 있도록 애썼다. 우선 나부터 말씀을 가까이하기 위한 시간을 할애했고, 자녀들에게 시간을 정해 규칙적인 실천의 본보기를 보여주려고 노력했다. 자녀들도 날마다 각자 정한 시간에 말씀을 읽고 묵상하도록 권했다. 때때로 이런 영적 활동을 잘했을 경우 칭찬을 아끼지 않았지만, 가끔씩은 자녀들을 체벌하기도 했다. 사실 우리 아이들이 전형적인 기독교인으로서 날마다 변함없이 신실했던 건 아니었다.

오래 전 성탄절 무렵에 한 가지 생각이 떠올랐다. 큰아이 세 명은 충분히 글을 읽고 쓸 수 있는 나이였다. 그래서 그 해 1년 동안 하루도 빠짐없이 성경을 읽는다면 각자에게 연말에 100달러씩 상금을 주겠노라고 약속했다. 만약 하루를 빼먹는 경우에는 20달러를 제하고, 그 이후로는 읽지 않는 날마다 하루에 10달러씩 깎는다는 조건을 걸었다. 크리스티와 제이미 그리고 케이티는 모두 그 다음 해 1월에 고스란히 100달러씩 받을 수 있었다.

이런 방법으로 성경 읽는 습관을 지속해 왔고, 지금도 우리 아이들은 성실하게 성경 읽기를 계속하고 있다. 크리스티가 17살이 되었을 때였다. 딸은 내게 와서 더 이상 자기에게 돈을 줄 필요가 없다고 말했다. 날마다 성경 읽는 것이 습관으로 자리 잡아서 일평생 동안 지속할 수 있으리라 생각했기 때문이란다. 날마다 하나님과 보내는 시간의 영적 가치를 이해했기 때문에 더 이상 물질적인 보상이 필요하다고 느끼지 않았던 것이다.

크리스티가 보여준 반응은 자녀 양육의 영적 측면에서 내가 가장 강조하고 싶은 부분이다. 딸을 향한 영적인 목표가 자기 인생에 뿌리 깊게 스며들었다는 확고한 증거를 보여주었기 때문이다. 지금도 크리스티는 날마다 성경을 읽는다. 아버지인 내가 시켜서 하는 것이 아니라 하나님의 음성을 듣고 싶은 열망 때문에 기꺼이 시간을 투자한다.

영적 목표를 고취시키는 방법은 목표에 따라 다양하다. 물론 물질적인 보상이 항상 적절한 것은 아니다. 일반적으로 자녀들의 영적 성장과 발전을 돕기 위해 다음과 같은 방법들을 생각해 볼 수 있다.

먼저 바른 모범을 보이라

자녀들에게 기도의 가치를 알려 주고 싶다면 먼저 당신이 날마다 기도하는 모습을 보여 줄 필요가 있다. 그리고 하나님이 기도에 응답하신다는 것을 알려 줄 수 있는 기회를 마련해 보자. 기도가 응답되었을 때 자녀와 함께 주님을 찬양하고 감사하는 시간을 가짐으로써 하나님이 정말로 기도에 응답하신다는 사실을 확인시켜 주어야 한다.

성경적 원칙을 제공하라

영적 목표는 성경에서 출발해야 한다. 당신이 세운 영적 목표에 대해 자녀들이 하나님의 말씀 안에서 가르침을 얻을 수 있도록 해야 한다. 다시 말해 기도에 대한 본보기를 활용하면서 기도에 대한 성경적인 가르침과 원칙을 알려 줄 필요가 있다.

동참할 수 있는 기회를 제공하라

자녀들에게 개인적으로나 공식적으로 기도할 수 있는 기회를 주고 격려해 보자. 또한 기도에 대해 받은 응답을 함께 이야기할 수 있도록 하는 것도 매우 중요하다.

비전을 제시해 주라

예를 들어, "반드시 매일 기도해야 해"라는 식으로 단지 규칙만 제시하는 것은 옳지 않다. 단지 규칙만 배운 자녀는 쉽게 지치거나 가르침을 거부하거나 둘 중 하나일 것이다. 자녀들에게는 영적인 비전을 제시해 주어야 한다. 자녀들도 영적 목표의 중요성을 이해할 필요가 있다. 그래서 자기 인생에서 이런 영적 목표의 가치를 올바로 바라보게 해 주어야 한다. 나아가 자녀들이 하나님의 관점으로 목표를 바라보게 해 주어야 한다.

"인간의 책임이라는 관점에서 아버지의 영적 지도력은 가정에서 홈스쿨링이 굳건히 세워지기 위한 단단한 기초와 같다."

영적 진보를 점검하라

이것은 단순히 자녀들의 진보를 주기적으로 점검한다는 의미다. 이런 맥락에서 나름대로 의미 있는 점검 방식이라고 한다면 자녀들과 마주 앉아 함께 이야기를 나누면서 이런저런 사항들을 꼼꼼히 살피는 것이다. 지금 자녀들은 무엇을 하고 있는지, 그에 대해 어떻게 느끼고 있는지 대화해 보라. 이 시간을 통해 가르침과 비전을 강화할 수 있는 아주 소중한 기회를 얻게 될 것이다.

가족 예배와 묵상 나눔, 교회의 공예배와 교육 활동 참여, 아이들을 위한 주기적인 기도를 당신의 주간 계획과 활동에 반드시 집어넣어야 한다. 수많은 아버지들은 가족 경건의 시간에 무엇을 어떻게 해야 할지 몰라서 상당히 어려워한다. 그러나 일단 특정한 영적 목표를 설정하고 나면 가족 경건의 시간을 계획하기가 훨씬 쉬워진다. 또 당신이 중요하게 생각하는 특정한 영적 목표들을 강조하기 위해 가족 경건의 시간을 가족 예배 시간으로 활용할 수도 있다.

이렇게 영적 목표와 계획을 갖는다고 해서 저절로 성공을 보장해 주는 것은 결코 아니다. 하지만 아무런 목표가 없다면 어떤 성과도 얻지 못할 뿐만 아니라 허공을 치는 것이나 다름없다.

영적 지도자에게 필요한 행동 원칙이라고 해서 흔히 사람들이 일터에서 보여 주어야 하는 그런 종류의 지도력과 전혀 다른 게 아니다. 아버지들은 영적 목표의 설정과 계획에 있어서 적어도 일터에서처럼 부지런한 모습을 보여 줄 필요가 있다. 다른 무엇보다 영적 목표와 계획에 대한 보상이 훨씬 더 크기 때문이다.

하나님은 우리가 기울이는 모든 노력의 궁극적인 기초가 되는 분이시다. 그러나 인간의 책임이라는 관점에서 아버지의 영적 지도력은 가정에서 홈스쿨링이 굳건히 세워지기 위한 단단한 기초와 같다. 아버지는 당연히 자녀들이 성공하길 원하기에 자녀들의 성공을 위해 든든한 기초를 제공해 줄 수 있어야 한다. 아버지들이여, 이제 실질적인 영적 지도가가 되어야 한다. ✤

2장

아내를 돕는 아버지가
홈스쿨링의 성공을 결정한다

적절한 기초 없이 아내 혼자서 영적인 가정을 세워가려고 한다면 아내의 역할은 몇 배나 더 힘들어지게 된다. 다시 말해, 남편들이 아내를 도와주기 위해 할 수 있는 것들 가운데 가정생활에서 성령의 권능을 불러일으키기 위하여 영적 지도력이라는 강력한 기초를 제공하는 것보다 더 중요한 일은 없다.

❊

홈스쿨링에서 어머니들은 날마다 엄청나게 많은 일을 감당한다. 아버지들이 바깥에서 돈을 벌어오는 대신에 아내에게는 집안일, 식사 준비, 빨래, 아기 돌보기에다 자녀들을 가르치는 일까지 맡겨져 있다. 게다가 이 산적한 일들을 제대로 감당하기를 암묵적으로 요구받는다. 그런데 이건 정말로 굉장히 많은 일이다.

만약 홈스쿨링 가정의 어머니들이 그 모든 짐을 혼자서 짊어지고 간다면 기진맥진해서 '탈진'하게 될 수밖에 없다. 하지만 탈진을 막을 수 있는 두 가지 중요한 해결책이 있다. 첫째는 성령님을 의지하는 것이다. 둘째는 남편인 아버지의 도움을 의지하는 것이다. 이제 각각의 해결책에 대해 자세히 논의해 보자.

홈스쿨링에 필요한 성령의 도우심을 구하라

무엇보다 어머니와 아버지는 홈스쿨링에 필요한 인도하심과 능력을 구하기 위해 철저하게 성령을 의지하는 것이야말로 가장 중요한 요소임을 깊이 인식해야 한다. 순전히 자기 힘으로 이 모든 책임을 감당하려고 애쓰는 기독교인은 누구든지 탈진을 불러오게 마련이다.

> 내게 능력 주시는 자 안에서 내가 모든 것을 할 수 있느니라
>
> 빌립보서 4:13

모든 홈스쿨 아버지들이 아내를 잘 도와주는 것은 아니다. 어떤 어머니들은 홈스쿨링에 대해 단지 암묵적인 지지만 보내는 불신자 남편과 결혼하기도 한다. 혹은 직업군인 남편이 다른 나라로 파견되어 집을 떠나 있는 동안 혼자 집에서 자녀들을 가르쳐야 하는 경우도 있다. 많은 아버지들은 직장에서 수없이 많은 야근 때문에 자녀들이 잘 시간이 되어서야 귀가하는 경우가 허다하고, 어떤 경우에는 안정적이지 못한 직장 때문에 여러 곳을 전전하기도 한다. 여러 요인 때문에 결국 수많은 어머니들은 자녀 양육의 책임을 혼자 떠맡는 경우가 많다.

어떤 어머니들에게는 자녀가 성인이 될 때까지 이런 상황이 지속된다. 게다가 자녀들을 홈스쿨링으로 키우는 용감한 싱글맘들도 많다. 어쩌면 이혼했거나 사별했을 수도 있다. 그러나 남편이 있다 해도 많은 어머니들은 홈스쿨링에 있어서는 실제 '싱글맘'이나 다름없는 경우가 다반사다. 왜냐하면 대부분 남편들은 아내를 아예 도와줄 수 없거나 도와주고 싶어 하지 않기 때문이다.

이처럼 자녀 양육이라는 과업을 혼자 떠맡아야 하는 어머니들은 그것이 일시적이든 지속적이든 간에 예수 그리스도께서 힘을 불어넣어 주신다는 사실을 기억해야 한다. 예수님은 남편 없는 과부에게 남편이 되어 주시고, 아버지 없는 아이들에게 아버지가 되어 주실 것이다. 오직 그분만이 모든 궁극적인 필요를 우리에게 충분히 채워 주실 수 있다.

만약 어머니 혼자서 전적으로 홈스쿨링을 감당해야 하는 경우라면 하나님을 의지할 필요가 훨씬 더 커지겠지만, 사실상 우리 모두가 하나님의 일을 수행하기 위해서는 그분의 능력을 의지할 필요가 있다. 비록 얼마 동안은 우리 힘으로도 그렇게 하는 척할 수 있겠지만, 결국 성공적인 홈스쿨링이란 우리의 필요에 대해 하나님을 의존하는 법을 얼마나 차근히 성공적으로 배워 나가느냐에 달려 있다.

남편의 도움이 아내의 탈진을 막는다

탈진을 막는 두 번째 해결책은, 아버지들이 가정 교육이라는 중차대한 과업을 수행하는 아내를 돕는 것이다. 어떤 아버지들은 이렇게 자문할 수도 있다.

'도대체 내가 왜 아내를 돕는 데 초점을 맞추어야 한단 말인가? 오히려 아내가 나를 위하여 돕는 배필이 되어야 하는 것 아닌가?'

우리 자녀들을 훈련하는 책임이 누구에게 어떻게 할당되어 있는지 성경에서 살펴보면 이 질문에 대한 해답을 쉽게 찾을 수 있다. 자녀들을 가르치라고 명령하는 수많은 구절들이 항상 부모 가운데 어느 한쪽을 명확하게 가리키고 있는 것은 아니다.

오늘 내가 네게 명하는 이 말씀을 너는 마음에 새기고 네 자녀에게 부지런히 가르치며 집에 앉았을 때에든지 길을 갈 때에든지 누워 있을 때에든지 일어날 때에든지 이 말씀을 강론할 것이며 너는 또 그것을 네 손목에 매어 기호를 삼으며 네 미간에 붙여 표로 삼고 또 네 집 문설주와 바깥 문에 기록할지니라 신명기 6:6-9

마땅히 행할 길을 아이에게 가르치라 그리하면 늙어도 그것을 떠나지 아니하리라 잠언 22:6

그런데 성경에서 부모 중 한 사람에게 자녀 양육에 대한 명령을 내릴 때에는 언제나 아버지들을 향하여 명령하신다.

또 아비들아 너희 자녀를 노엽게 하지 말고 오직 주의 교훈과 훈계로 양육하라 에베소서 6:4

여호와께서 증거를 야곱에게 세우시며 법도를 이스라엘에게 정하시고 우리 조상들에게 명령하사 그들의 자손에게 알리라 하셨으니 시편 78:5

아들들아 아비의 훈계를 들으며 명철을 얻기에 주의하라 잠언 4:1

지혜로운 아들은 아비의 훈계를 들으나 거만한 자는 꾸지람을 즐겨 듣지 아니하느니라 잠언 13:1

오직 산 자 곧 산 자는 오늘 내가 하는 것과 같이 주께 감사하며 주의 신실을 아버지가 그의 자녀에게 알게 하리이다 이사야 38:19

너희는 이 일을 너희 자녀에게 말하고 너희 자녀는 자기 자녀에게 말하고 그 자녀는 후세에 말할 것이니라 요엘 1:3

심지어 신명기 6장 6~8절처럼 명시적으로 부모 가운데 어느 한 사람을 지칭하지 않는다 해도 이 명령의 문화적 배경을 살펴보면 자녀들을 가르치는 의무가 일차적으로 아버지에게 있음을 시사한다. 그러므로 아버지가 홈스쿨링을 도우라는 요청을 받았을 때 그것은 아내의 책임 가운데 일부를 떠맡으라는 게 아니다. 오히려 자신이 해야 할 일을 대신 감당하고 있는 아내에게 그 일을 전적으로 위임하기보다 적어도 원래 자기 몫만이라도 제대로 감당하라는 요청이다.

아내들을 어떻게 도울 것인가?

어떤 아버지들은 아이들이 배워야 할 과목 중 한두 가지를 가르치기도 한다. 다른 아버지들은 자녀가 공부하는 것을 어려워할 때 개인교사처럼 도와주기도 하고, 학습지 채점을 거들기도 한다. 어떤 아버지들은 무슨 커리큘럼을 어떻게 짜야할지 아내가 고민할 때 서로 의견을 주고받으면서 결정을 돕기도 한다.

그러나 많은 아버지들은 직장일이나 개인적인 한계 때문에 홈스쿨링의 학문적 영역에서 아무런 도움을 줄 수 없는 형편에 놓여 있다. 그래서 아버지들은 직접 빨래를 하거나 집 안팎 청소를 평소보다 더 많이 책임지기도 한다. 어떤 아버지들은 저녁에 어린 자녀들을 훨씬 더 많이 돌보고 함께 놀아줌으로써 아내가 여유 있게 홈스쿨링을 계획하고 점검하도록 돕는다.

아버지로서 '배필을 돕는다'는 목표를 달성하는 데에는 아주 다양한 방법들이 존재한다. 또한 그게 해를 거듭할수록 집안의 여러 문제들을 해결하는 데 상당히 유용하다는 사실도 깨닫게 될 것이다. 홈스쿨 아버지로서 당신이 해야 할 특정한 과제들보다 이처럼 아내를 도와주는 섬김의 행위를 통해 전달되는 정서적인 헌신이 훨씬 더 중요하다는 것을 잊지 말라.

아내는 결코 혼자 홈스쿨링을 진행하고 있는 게 아니라는 사실을 알아야 한다. 홈스쿨링은 남편과 아내가 서로 한 팀으로 연합하여 끊임없이 분투노력해야 하는 일이다. 무엇보다 자녀 교육에 관한 무거운 책임을 짊어진 아버지의 어깨를 가볍게 하기 위해 아내가 오히려 당신을 기꺼이 도와주고 있다는 사실을 깨달아야 한다.

아내와 함께 마주 앉아서 홈스쿨링에 관해 의논해 보라. 다만 대부분은 아내가 이야기를 하도록 배려해 보라. 아내가 여러 수준의 책임을 어떻게 감당하고 있는지 알게 될 것이다. 그러면 아내에게 가장 도움이 필요한 영역은 어디인지를 상의하고 결정할 수 있게 된다. 또 당신의 도움이 아내에게 가장 의미 있게 다가갈 수 있는 방법이 무엇인지도 논의할 수 있을 것이다.

홈스쿨 아버지로서 내가 사용하는 한 가지 방법은 홈스쿨링을 진행하면서 겪는 문제들을 아내가 냉철하게 분석하도록 도와주는 객관적인 관찰자 역할을 감당하는 것이다. 아내가 동시에 8명의 자녀를 돌봐야 하는 문제로 탈진한 적이 있었다. 나는 먼저 아내와 함께 이 문제에 대해 깊이 논의한 후에 아내의 하루 일정표를 세밀하게 짜 주었다. 아내가 어린아이 세 명을 돌보는 시간에도 큰아이 다섯 명을 가르치고 홈스쿨링이 원활하게 돌아가도록 도와주었다. 이를 통해 그동안 아내가 겪었던 상당한 갈등들이 해결되었다.

대부분 홈스쿨링 가정에서 흔히 발생하는 이 문제에 대한 우리의 해결 방법은 이렇다. 가장 큰아이들 세 명은 오전에 각각 45분씩 돌아가면서 차례대로 어린 동생들을 돌봐 준다. 오후에는 세 어린아이 모두 낮잠을 재운다. 그러니까 오전 시간과 오후 낮잠 시간에 아내가 큰아이들 가르치는 것을 어린아이들이 방해하지 않도록 했다. 나중에 큰아이들에게는 매 학기마다 학령기 이전 동생들에게 읽기 준비 단계, 수학 준비 단계, 음악과 체육 활동을 가르쳐 보라고 제안했다. 큰아이들은 이 제안을 흔쾌히 받아들였고, 우리 집 홈스쿨링 프로그램도 크게 개선되었다. 큰딸들은 각자의 관심사와 능력을 토대로 한두 과목씩 동생들을 가르쳤다.

홈스쿨 어머니들이 가장 큰 부담을 느끼는 부분은 학과목을 가르치는 것과 자질구레한 집안일들이다. 아버지로서 당신은 적어도 한 가지 이상은 그 짐을 함께 나누면서 아내를 도와야 한다. 가족들의 필요에 대해 아내와 함께 상의해 본다면 당신과 아내의 일정과 능력에 합당한 계획안을 충분히 만들어낼 수 있을 것이다. 그리고 학과목과 집안일 외에도 배필을 돕는 책임을 맡은 당신이 반드시 고려해야 할 몇 가지를 꼽자면 다음과 같다.

아내에게 휴식을 선물하라

홈스쿨링을 시작하기 전, 내가 저녁에 집으로 돌아오면 아내는 가끔씩 자신을 지적으로 자극해 줄 수 있는 토론 시간을 갖자고 요청했다. 아내는 하루 종일 어린아이들과 함께 시간을 보냈기 때문에 단 몇 분만이라도 전혀 다른 영역에서 남편과 함께 자신의 마음과 생각을 나누고 싶어 했다. 그러나 대체로 나는 완전히 파김치가 된 상태로 퇴근해서 그냥 가만히 앉아서 아무것도 하고 싶지 않았다.

지금은 홈스쿨링 자체가 아내에게 굉장히 엄청난 지적 자극을 제공하고 있다. 두 큰딸이 고등학교 과정을 공부하면서부터 이 같은 자극의 수준은 해마다 점점 높아졌다. 이제 아내는 셰익스피어를 비롯한 여러 문학 작품들을 읽고 정기적인 토론 시간을 갖고 있다. 풍성한 지적 자극을 받고 있는 것이다.

이제는 내가 저녁에 퇴근해서 집으로 돌아오면 우리 둘 다 가만히 앉아서 아무것도 하고 싶어 하지 않는다. 그러나 불행하게도 여덟 명의 꼬마 아이들은 우리가 소파에 가만히 앉아 텔레비전만 보고 있도록 그냥 내버려 두지 않는다.

비록 '지성을 자극하는' 대화를 나눌 필요가 줄어들기는 했지만, 여전히 아내는 온갖 책임감으로부터 정신적인 휴식을 취할 필요가 있다. 마치 당신이 직장에서 업무에 지쳤을 때 다른 일을 하거나 다른 장소에서 시간을 보내는 것이 커다란 쉼을 제공하는 것처럼 아내 역시 아이들을 돌보는 무거운 책임감을 내려놓고 잠시라도 정신적 휴식을 취할 필요가 있다.

우리 아내는 날마다 40분 정도 산책을 나간다. 날씨가 좋든 나쁘든, 몸이 건강할 때든 아플 때든 상관없이 말이다. 실제로 아내는 대개 출산 후 이틀 정도 지나면 밖으로 나가 산책을 다녔을 정도다. 이처럼 아내는 하루 일과 중 산책 나가는 일을 가장 소중하게 여긴다. 그래서 아이들이 어렸을 때에는 아내가 산책을 나갈 수 있도록 배려하기 위해 내가 집에서 아이들을 돌봐야 했다. 이제 자녀들이 대부분 십대 청소년이라 아내는 자신이 가르쳐야 할 일을 모두 끝낸 뒤 늦은 오후라도 얼마든지 혼자 산책을 나갈 수 있게 되었다.

우리 가족이 출석하는 교회의 다른 홈스쿨 어머니는 수영하는 것을 매우 좋아한다. 이 가정에는 아직 어린아이들이 있어서 아버지가 일주일에 며칠씩 저녁 시간에 자녀를 돌본다. 이때 그 어머니는 쇼핑센터 내 실내 수영장에서 수영을 즐기면서 자기 나름대로 쉼을 누린다. 정신 영역에서의 정기적인 휴식은 비록 3~40분의 짧은 시간이라 할지라도 홈스쿨 어머니들에게 큰 위로를 안겨 준다. 그래서 아버지들은 아내가 휴식할 수 있도록 최대한 배려해 줄 필요가 있다.

일상적인 휴식 이외에도 아내가 좀 더 긴 휴식을 취할 수 있도록 강력히 고려해 보아야 한다. 수개월 동안 아내와 나는 간단히 대화를 나누기 위해 매주 같은 날 밤에 단 둘이서 카페로 나갔다. 주로 우리 가정의 홈스쿨링과 관련된 문제와 더불어 어떻게 하면 우리가 더 잘 협력할 수 있을지에 대해서 나누었다. 이 시간들은 상당히 오랫동안 우리에게 만족감을 주었고, 우리 부부에게 자리 잡은 저녁 휴식 시간은 새로운 사정이 생겨서 자연스럽게 사라질 때까지 지속되었다.

적어도 한 달에 두 번 정도는 저녁 시간에 아내를 데리고 외식을 나가도록 해 보라. 비록 그것이 패스트푸드 같은 단출한 식사일지라도 말이다. 그냥 빨리 먹고 집으로 돌아와야 한다 해도 반드시 그렇게 할 필요가 있다.

우리가 시도했던 또 다른 형태의 휴식은 함께 주말여행을 떠나는 것이다. 우리 가정은 계절마다 한 번씩 이런 여행을 떠나려고 노력했다. 지난 몇 년 동안 우리의 여행은 대개 홈스쿨 컨퍼런스 같은 곳에서 강사로 서야 할 경우와 깊이 연관되어 있었다. 그러나 이제는 어떤 외부적 행사나 강연에 대한 부담 없이 온전히 여행을 통해 휴식을 누릴 수 있게 되었다. 이전에는 아내가 모유를 먹였기 때문에 늘 가장 어린아이를 데리고 여행을 떠났다. 사실 아이들을 여덟 명이나 키우다 보니 한 명만 데리고 떠나는 것도 아내에게는 엄청난 휴식이 되었다.

우리에게 굉장히 특별한 시간 가운데 하나는 프랑스 파리에서 열린 종교의 자유를 증진시키기 위한 집회에 참석했을 때였다. 당시 나는 스위스에 본부를 둔 인권 단체인 세계기독교연대Christian Solidarity Worldwide의 국제이사회에 속해 있었다. 유나이티드 항공에 쌓아둔 마일리지 덕분에 무료 탑승권을 얻어 아내와 큰딸을 함께 데리고 갈 수 있었다. 이 여행은 아내에게 매우 멋진 휴식 시간이 되었다. 그와 동시에 여러 해가 지나고 큰딸이 우리 곁을 떠나기 전에 마지막으로 함께 오붓한 시간을 보낼 수 있는 소중한 기회를 안겨 주었다.

당신도 프랑스로 가야 한다는 말이 아니다. 그럼에도 큰 비용을 들이거나 멀리 가지 않더라도 반드시 아내와 함께 여행을 떠나는 것에 대해서는 강력히 추천한다! 우리가 가장 좋아하는 시간 가운데 하나도 가까운 근교에 있는 호텔에 투숙하여 그냥 하루 반나절을 보내는 짧은 여행이다. 아내에게 정신적인 휴식을 주는 문제에 대해서는 "천 리 길도 한 걸음부터"라는 속담처럼 작은 것부터 지금 바로 실천하는 게 중요하다.

훈계의 책임은 아버지에게 있다

아버지가 일터로 출근하고 나면 아내는 아이들이 말썽을 일으켰을 때 훈계하는 책임을 혼자서 감당해야 한다. 그런데 아내가 자녀들에게 "아빠가 집에 오실 때까지 기다리자"라고 말하는 것을 당신도 옳다고 생각하지 않을 것이다. 자녀의 그릇된 행위를 발견하는 즉시 즉각적이고 일관성 있게 훈계할 필요가 있다.

그런데 "아빠가 오실 때까지 기다리자"라는 말에는 훌륭한 적용점도 숨겨져 있다. 아버지가 퇴근하자마자 '바통을 넘겨주거나' '회초리를 건네줄' 수 있는 자격이 아내에게 있다. 아버지가 집에 있을 경우에는 가정에서 훈계를 실행하는 일차적인 책임을 감당해야 하기 때문이다.

이렇게 하는 데에는 몇 가지 이유가 있다. 첫째, 아버지가 직접 훈계를 실행하는 일은 가정에서 가장 중요한 책임자가 누구인지에 관한 메시지를 전달해 주는 하나의 방법이기 때문이다. 아이들은 본능적으로 부모 사이에서 이쪽과 저쪽을 번갈아가면서 줄타기하는 법을 터득하게 된다. 아빠에게 요청해서 거절을 당하면 엄마에게 동일한 것을 요청해 보고 조금이라도 다른 원칙이나 틈새를 발견할 가능성이 있는지 넌지시 타진해 본다.

여담이지만, 우리 집에서는 훈계와 관련하여 한 가지 원칙이 있다. 만약 자녀들이 두 사람 가운데 어느 한쪽에 이미 요청한 것이라면 다른 사람이 내린 결정을 그대로 인정하고 동의해 준다. 그래서 만약 아이들이 원치 않는 결정이라고 해서 교묘하게 줄타기를 시도하려고 할 경우에는 곧바로 징계를 받게 된다.

아버지가 훈계에 대한 책임을 분명하게 감당함으로써 두 사람이 동일한 권위를 가졌을 때보다 아이들은 훨씬 더 큰 안정감을 갖게 된다. 성경에서는 어떤 사람도 두 주인을 섬길 수 없다고 말한다. 이 원리는 자녀들에게도 마찬가지다. 아버지가 집에 머물러 있을 때에는 훈계의 책임을 아버지가 맡고 있다는 분명한 확신을 자녀들에게 심어 주어야 한다.

아내 또한 훈계의 책임을 아버지가 맡는 것에 대해 안도하고 크게 환영할 것이다. 왜냐하면 자녀들을 훈계하는 문제는 그다지 유쾌한 일이 아니기 때문이다. 그래서 종종 형제간에 다투는 문제를 둘러싼 복잡다단한 이야기들을 자세히 살펴보아야 한다. 어느 아이가 진실을 말하는지 경청하고 정확히 판별해 주어야 한다. 그리고 적절한 수준의 징계를 결정해야 한다. 또한 어떤 종류의 보상이 자녀에게 타당한지도 분별해 주어야 한다.

이 모든 단계들이 엄청난 정신적 에너지를 소모하게 만든다. 실제로 어머니는 낮 시간 동안 형사, 검사, 배심원의 역할을 충분히 감당해야 한다. 그리고 이후 저녁 시간에는 아버지가 아내를 대신해 야간 법정에 앉아 판결을 내릴 수 있도록 준비해 놓게 된다. 훈계는 지도자의 특권이다. 만약 훈계의 책임을 적절히 감당하지 않는다면 당신은 가정에서 영적 지도자가 될 수 없다.

정말 피곤하지만 한 번 더 힘을 내라

대다수 아버지들은 기진맥진하여 파김치가 된 채 일터에서 퇴근한다. 게다가 출퇴근 시간에 겪는 악몽이 회사 업무로 쌓이는 피로를 더욱 악화시킨다. 어떤 일들은 육체적으로 훨씬 힘들고, 어떤 일들은 정신적으로나 정서적으로 더 많이 소모시킨다. 대다수 아버지들이 집으로 돌아왔을 때 가장 마주하기 싫어하는 것은 현관문을 열고 들어가자마자 곧장 아이들을 돌보는 것과 집안일에 뛰어들 수밖에 없는 상황이다.

마찬가지로 대다수 홈스쿨 어머니들은 저녁 식사 시간 무렵이면 신체적·정서적 피로감이 절정에 도달하게 된다. 홈스쿨 어머니들의 하루 일과를 업무 수준으로 보자면 대다수 남자들이 일터에서 겪는 것만큼이나 육체적으로 정서적으로 고달프다. 어머니들도 역시 지치게 마련이다.

홈스쿨 아버지들은 편안하게 쉬고 싶은 마음에서 얼른 집으로 퇴근하기를 학수고대한다. 반면 홈스쿨 엄마들은 아버지들이 속히 집에 도착하여 조금이라도 자신을 도와줄 것을 학수고대하고 있다. 이처럼 서로 상충되는 기대감들은 결국 충돌할 가능성이 높다. 하루 종일 격무에 시달린 탓에 아버지들은 조금이라도 휴식을 취하면서 편안한 시간을 보낼 마땅한 권리가 있다고 느낀다. 그러나 아버지들은 아내의 관점에서도 상황을 바라볼 필요가 있다.

이 문제에 대한 여러 가지 해결책이 있다. 그런데 해결책을 찾으려면 남편과 아내 모두 어느 정도 주고받는 것이 반드시 필요하다. 그러나 궁극적으로 해결책의 열쇠는 남편의 태도에 달려 있다. 만약 처음부터 끝까지 모든 일을 기꺼이 돕겠다는 태도를 취한다면 전형적인 기독교 홈스쿨링 가정의 본보기를 보여 주는 끈끈한 팀 정신의 초석을 놓게 될 것이다.

아내의 반응과 유연성 역시 중요하다. 우리 아내는 경험을 통해 나의 탈진 수준을 읽어내는 법을 터득하게 되었다. 최근 매우 중요한 회의를 생각보다 훨씬 길고 힘겹게 마치고 돌아온 적이 있었다. 회의가 잘되지도 않았으며, 결국 예정보다 한 시간이나 늦게 마친 후 몹시 지친 상태로 차를 몰고 집으로 돌아왔다. 아내는 그날 밤 내가 가만히 앉아 아무것도 하지 않아도 되도록 내버려두었다. 그러나 내가 정상적인 일과를 마치고 집으로 돌아오는 날이면 아내는 어김없이 도움을 요청할 목록들을 마음껏 들이밀곤 했다.

대체로 내가 가장 잘할 수 있는 일은 아내가 저녁식사를 다 끝낼 때까지 어린아이들을 데리고 놀아 주면서 잘 돌보는 것뿐이다. 단지 어린아이들과 함께 놀아 주는 것만으로도 아내가 짊어진 책임감이라는 부담에 대해 남편이 느끼는 엄청난 연민과 고마운 마음을 충분히 보여줄 수 있다.

홈스쿨 어머니들에게는 까다로운 문제가 하나 있다. 대개 아내들은 가족들의 유익을 위해 하루 종일 바깥에서 격무에 시달리는 남편의 노고에 감사를 표현할 수 있어야 한다. 동시에 자신에게 도움이 필요하다는 메시지도 정확하게 전달할 수 있어야 한다. 아

"아내에게 우선적으로 도움의 손길을 내민다면 아내는 당신에게서 사랑과 감사를 받는다고 느끼게 된다. 무엇보다 한 팀의 일원으로서 커다란 보상을 얻게 될 것이다."

내들은 도움이 필요하다는 사실을 세심하게 표현할 필요가 있다. 아내가 이렇게 투정하듯이 남편에게 도움을 요청할 수도 있다.

"이제 당신이 등장해야 할 시간이에요. 이쯤에서 나에게는 당신의 도움이 필요해요. 내가 집에서 이 아이들과 하루 종일 씨름하는 동안 당신은 전혀 아무것도 하지 않았어요."

그런 말은 가족들을 위한 남편의 헌신에 대해 감사를 보여주는 태도가 전혀 아니다. 마찬가지로 단지 피곤하다는 이유로 집에 돌아와서 아무런 도움을 주지 않는 남편들 역시 가족을 향한 아내의 헌신에 대해 전혀 감사하지 않는 태도를 드러내는 것이라고 말할 수 있다. 만약 당신도 매우 피곤하지만 아내를 도와준다면, 특히 집에 도착하자마자 아내에게 우선적으로 도움의 손길을 내민다면 아내는 당신에게서 사랑과 감사를 받는다고 느끼게 된다. 무엇보다 한 팀의 일원으로서 커다란 보상을 얻게 될 것이다.

영적인 가정은 아버지가 세운다

1장의 핵심 요점을 다시 반복할 필요는 없겠지만, 아내의 관점에서 영적 지도력에 대해 다시 한 번 재빨리 살펴보자.

나는 홈스쿨법률보호협회Home School Legal Defense Association에서 전임 사역자로 일하기 전 미국의 여성 인권 단체인 '미국을 걱정하는 여성들Concerned Women for America'의 법률 고문으로 6년간 일했다. 그래서 여성을 위한 컨퍼런스에 종종 참여했으며, 기독교인 여성들의 주된 관심사와 생각에 대해서도 나름 통찰을 얻게 되는 기회였다.

대부분 기독교인 여성들은 가정생활에서 가장 필요한 부분이 참된 영적 지도력을 발휘하는 남편이라고 믿는다. 우리 아내도 분명히 이와 같은 필요를 느끼고 있다. 아버지의 영적 지도력은 모든 가족들에게 강력한 기초를 세워 준다. 특히 홈스쿨링 가정에서는 더욱 그렇다. 당신이 아버지로서 '영적인 가정'을 세워가는 과정에서 '마무리 공사'를 진행할 수 있도록 도와준다면, 아내들은 기꺼이 자기 몫을 감당하려고 할 것이다. 그러나 적절한 기초 없이 아내 혼자서 영적인 가정을 세워가려고 한다면 아내의 역할은 몇 배나 더 힘들어지게 된다. 다시 말해, 남편들이 아내를 도와주기 위해 할 수 있는 것들 가운데 가정생활에서 성령의 권능을 불러일으키기 위하여 영적 지도력이라는 강력한 기초를 제공하는 것보다 더 중요한 일은 없다. ✤

3장

가족을 책임지는 보호자는 아버지다

법적 접촉에서 이루어지는 모든 과정에서 남편과 아내가 확실하게 일치를 이루기 위해서라도 아내를 한쪽으로 버려두어서는 안 되며, 아내와 상의하지 않고 혼자 독단적으로 처리해서도 안 된다. 사랑에 기초한 지도력과 팀 정신을 발휘하라. 아버지의 통솔력에 의해 우리 가정은 온전한 홈스쿨링 가정으로 한 걸음씩 나아갈 수 있을 것이다.

✳

미국 서부 개척 시대 아버지들은 자기 역할을 잘 알고 있었다. 항상 총을 가까이에 두고 그걸 제대로 사용할 수 있도록 훈련을 받았다. 또 온갖 공격으로부터 아내와 아이들을 보호할 수 있도록 언제나 준비 태세를 확실히 갖추고 있었다.

홈스쿨링 역시 개척자 정신이 필요한 교육 운동이다. 홈스쿨 아버지들은 이처럼 개척 시대의 아버지들이 본보기로 보여 주었던 역할을 수행할 준비를 갖출 필요가 있다. 교육을 자기 영토라고 생각하는 공교육 교사들과 행정 관료들의 압박에 맞서 아버지들은 가족을 변호하라는 부르심을 받았다.

1983년부터 나는 홈스쿨링 가정들을 위한 법률 지원 업무를 수행하고 있다. 도와달라고 호소하는 가정들의 수많은 전화를 받아서 처리했고, 법적인 분쟁에 수백 번도 넘게 개입했으며, 무수히 많이 법정에 출두하기도 했다. 홈스쿨링 가정들과 이루어지는 수많은 접촉이 대부분 홈스쿨 어머니들과의 만남이었다는 점은 슬픈 현실이다. 홈스쿨법률보호협회에서 함께 일하는 다른 변호사들로부터 듣는 이야기도 역시 이와 동일하다.

무단결석 학생들을 관리하는 감독관이 현관에 들이닥치면 우리는 대개 엄마들로부터 전화를 받는다. 감독관들이 법적 조치를 취하겠다고 위협하는 문서를 보내는 경우에도 엄마들로부터 소식을 전해 듣는다. 우리 협회의 변호사들과 접촉할 수 있는 시간에 대부분 아버지들이 근무 중이라는 사실을 잘 알고 있다. 하지만 다음과 같은 경험도 헤아릴 수 없이 많다. 법률적인 지원이 필요하다고 호소하는 가정에 전화를 걸었다. 설령 이때 아버지가 전화를 받더라도 곧바로 아내에게 전화를 바꿔 주었다. '아내가 홈스쿨링을 담당하고 있다'는 이유로 말이다.

물론 가정마다 자유롭게 자신들에게 최선이라고 생각되는 방식으로 각자 책임을 감당할 수도 있다. 그리고 오늘날과 같은 현대 사회에서 아버지를 보호자로, 어머니를 보호가 필요한 사람으로 묘사하는 것은 정치적으로 올바르지 않은 그림일 수도 있다. 현대적인 철학에 따라 살기로 선택한 사람들이라면 이 같은 조언을 무시할 수도 있다. 그러나 성경적 생활양식을 따라 살아가려는 가족이라면 가족을 보호할 책임이 우선적으로 아버지에게 있다는 것에 동의할 것이다. 한 가정의 가장으로서 아버지가 아내에게 법적인 보호자 역할을 떠맡기는 것은 남편에 대한 성경적 개념과는 도무지 일치하지 않는다.

그러므로 기독교인 아버지들은 홈스쿨링을 진행하는 과정에서 법적인 분쟁이 생길 경우 가족을 변호하는 일에서 주도적인 통솔자가 되길 바란다. 이 역할을 게을리 하거나 아내에게 미룰 때 아내들은 지나칠 정도로 두려움을 느끼거나 때로는 불필요할 정도로 감정적인 반응을 보이기도 한다. 아내들은 성경에서 남편에게 부여된 의무를 억지로 떠안았기 때문에 이런 식으로 반응하게 되는 것이다.

종종 홈스쿨 어머니들은 소송을 벌이는 과정에서 일어날 법한 결과들을 소상하게 알려 달라고 우리 협회 변호사들에게 요구한다. 때때로 그러한 결과들이 아내들에게는 상당히 혹독한 내용들이다. 그러면 우리는 항상 그 가정들을 안심시키려고 노력한다. 우리 협회에 소속된 회원 중 어떤 가정도 자기 아이들에 대한 양육권을 상실한 적이 없으며, 어떤 부모도 무단결석으로 유죄 선고를 받아 감옥으로 보내진 적이 없고, 어떤 가정도 홈스쿨링을 중단하라고 실제로 명령 받은 적이 없다고 말이다. 어쩔 수 없이 가족의 '보호자'가 되어야 했던 한 어머니는 때때로 법적인 가능성을 설명할 때마다 과잉 행동을 보였다. 그런데 적어도 논리적으로는 앞서 이런 일을 경험했던 다른 가정들처럼 이 가정 역시 법률적인 폭풍우를 무사히 뚫고 나아가리라는 사실을 담담히 받아들이게 된다. 그럼에도 어머니들은 논리적으로 행동하는 것 이상의 반응을 얼마든지 보일 수 있다. 나는 어머니들의 과도하게 염려하는 반응과 태도가 자기 잘못이나 부족함 때문이라고 생각하지 않는다. 오히려 이것은 단지 아버지가 가족을 보호해야 할 지도자로서 자기 역할을 제대로 수행하지 못할 경우에 나타나는 자연스러운 반응이라고 믿는다.

아버지로서 당신이 가족의 홈스쿨링 프로그램에 대한 법적 보호자로서 그 역할을 제대로 수행하기 위해 해야 할 세 가지가 있다. 첫째, 당신의 홈스쿨에 대한 법률적인 계획을 세워라. 둘째, 홈스쿨링에 대한 법적 요구사항을 충족시키기 위한 실행 단계를 밟아라. 셋째, 어떤 법률적인 어려움이 발생할 때 이를 해결하는 데 있어서 가정의 통솔자로서 주도권을 발휘하라.

홈스쿨링에 대한 법적 문제들을 대비하라

불행한 현실이지만, 모든 홈스쿨링 가정에서는 재택 교육 방식에 영향을 미치는 법률적 문제들을 적절히 고려할 필요가 있다. 이것은 아버지로서 당신이 무엇인가를 두려하기보다는 당신 가족의 법적 필요에 적극적으로 대처하기 위한 계획안을 미리 마련해 두어야 한다는 뜻이다. 다음과 같은 것들은 법적인 대비를 위해 계획에 포함되어야 할 최소한의 요소들이다.

교육법과 홈스쿨링 관련 법안을 살펴보자

아버지들은 반드시 자신이 속한 지역의 교육법과 이 법을 쉽게 설명해 놓은 신뢰할 만한 해설서를 찾아보라.* 만약 법률 도서관을 활용하는 데 익숙하다면 해당 지역의 홈스쿨 관련 법률을 쉽게 찾을 수 있을 것이다. 미국에서는 현재 50개 주에서 홈스쿨링의 합법성을 인정하고 있고, 대략 34개 주에서 홈스쿨링에 대한 세부 규정을 마련해 두고 있기 때문에 쉽게 찾을 수 있을 것이다. 그러나 세부 규정이 없는 나머지 주에서는 비전문가들이 쉽게 구할 수 없는 훨씬 더 자세

＊ 현재 우리나라에서는 2012년 개정된 「초·중등교육법」의 제60조 3항에 따라 대안적인 교육 방식 가운데 대안학교에 대한 근거만 마련해 둔 상태이며, 홈스쿨링을 제도권으로 포함시키기 위한 사회적 논의와 구체적이고 조직적인 준비는 매우 부족한 상황이다. 이미 오래 전부터 전국에서 공식적으로 제도화를 끝낸 미국 각 주의 홈스쿨링에 관한 법률들과 그러한 결과를 이루어내기까지 미국의 홈스쿨 가정들이 어떻게 대처해 나갔는지에 대해서는 충분히 참조하고 연구할 필요가 있다.

한 정보를 알아둘 필요가 있다. 어떤 지역에서는 사립학교 관련 법률의 범위 안에서 구체적인 조항들을 꼼꼼하게 살펴보아야 하고, 다른 지역에서는 홈스쿨링에 대한 권리를 사법적으로 선언한 판례들을 세심하게 살펴볼 필요가 있다.

적절한 정보를 얻을 수 있는 가장 쉬운 방법은 홈스쿨법률보호협회HSLDA로 연락하는 것이다. 협회에서는 당신이 살고 있는 주에서 실행되는 홈스쿨링 관련 법률에 대한 요약본을 무료로 제공하고 있다. 또한 각 주마다 다른 홈스쿨링에 관련된 법률과 판례, 이전의 상담 사례들을 협회 홈페이지에 게재하고 있다.＊

가족의 영적인 믿음을 명확히 세우자

많은 기독교 홈스쿨 가정에서는 하나님과 사람국가나 정부을 둘 다 제대로 따르지 못하게 만드는 법적 요구사항들에 직면하게 된다. 그렇다고 해당 지역의 홈스쿨링에 관한 법을 따르지 않겠다고 섣불리 결정하지는 말라. 중요한 것은 법률이 정한 특정한 요구 사항들을 따르지 않는 분명한 성경적 근거를 가지고 있어야 한다는 점이다. 어떤 이들은 이렇게 말할 수 있을 것이다.

＊ 홈스쿨법률보호협회 홈페이지(hslda.org)에서 더 자세한 정보를 얻을 수 있다.

"그게 내 삶을 송두리째 바꿔 버릴 수 있고, 또 내가 하고 싶지 않은 일에 대해 강요할 수도 있기 때문에, 나는 그 법을 따르고 싶지 않아요. 마태복음 6장 34절에서 예수님은 우리에게 '그러므로 내일 일을 위하여 염려하지 말라 내일 일은 내일이 염려할 것이요 한 날의 괴로움은 그 날로 족하니라'고 말씀하셨어요."

단지 이렇게 말하는 것은 법적으로나 영적으로나 전혀 충분하지 않다. 아마도 법정에서는 당신에게 이렇게 말할 것이다. 당신은 현재 법전에 기록되어 있는 법률에 따라 헌법적인 보호를 받을 수 없다고 말이다. 왜냐하면 단지 정부에서 비합리적인 법률을 강요할지도 모른다는 두려움 탓에 오히려 당신이 그에 따른 보호를 거부하고 있기 때문이라고 말이다. 그런데 현재 정부에서 하나님이 금지하고 계신 어떤 것을 당신에게 억지로 요구한다는 결론을 내린다면 당신은 합법적으로 그것을 거부하기 위해 더욱 더 헌법적인 보호를 받아야 한다. 불행하게도 법정은 대부분 그러한 상황에서 당신의 권리를 인정해 줄 만큼 관대하지는 않다. 하지만 만약 어떤 적절한 헌법 규정에 따라 우세한 법률 조항을 내세울 수만 있다면 당신은 틀림없이 승리할 것이다.

법률적 변호를 받아야 할 경우를 대비하자

홈스쿨법률보호협회에서는 소송 사건을 변호하면서 외부 법률 지원 비용으로 750~10,000달러 사이의 금액을 보조해 준다. 하지만 이를 위해 협회 소속 변호사들은 엄청나게 많은 일들을 해내야 한다. 만약 협회 내부에서 발생되는 비용까지 포함한다면 실제 변호 비용은 2,000~100,000달러 사이를 오갈 것이다. 후자의 비용은 항소 법원을 거쳐 미국 연방 대법원까지 가야 하는 매우 드문 소송 사건의 경우에 발생된다.

이런 막대한 비용을 감당할 수 있는 가정들은 별로 없다. 우리 협회는 당신에게 충분한 법적인 변호를 보장하는 유일한 단체다. 그러므로 우리가 전문가 증인 신청 비용, 각종 증명서와 문서 기록, 여비를 포함하여 모든 변호사 비용과 재판 비용을 대신 지불한다. 회비는 매년 100달러다. 물론 홈스쿨 가정들을 변호해 줄 만한 다른 단체도 있고, 때로는 무료 변론을 해 주기도 한다. 하지만 이런 단체들은 선별한 몇몇 소송만 진행할 뿐 아니라 직접 모금 방식으로 운영되기 때문에 인적 · 물적 지원도 다소 제한적이다.

우리 협회와 협력하는 것은 현명한 행동 방식이다. 우리는 집단 변호가 가능하도록 수많은 가정들이 다함께 힘을 합친 협회이기 때문에 교육 기관들의 고발 표적이 되어 법정 소송을 당하는 여러 가정들을 충분히 도울 수 있다.

홈스쿨링에 대한 법적 요구에 대해
아버지들이 적극적으로 조치를 취하라

실제로 공교육 교사나 관료들과 접촉하기 전에 어떤 법적 계획안을 마련해 두는 것은 굉장히 중요하다. 많은 가정들이 어떤 계획을 세우기도 전에 우선 홈스쿨링에 관련한 법령을 준수한다는 명목 아래 교육 당국과 성급하게 접촉을 시도하다가 결과적으로 불필요한 어려움을 당하게 된다. 만약 해당 지역의 교육 관련 법률을 잘 알고 있으며, 거기에 대비해 가족을 변호할 수 있을 만큼 적절한 계획을 갖고 있다면 정부 관료들에게 대응할 수 있는 힘을 갖게 된다.

그와 관련된 원칙은 이렇다. 당신은 자신의 법률적인 상황에 대하여 단호한 결정을 내려야 한다. 해당 지역의 교육 관련 법안을 준수할 것인지 아닌지 여부를 세심하게 결정해야 한다. 그런 다음에는 즉각적으로 이와 같은 결정을 실행해야 한다. 그냥 가만히 기다리면서 어떤 일이 벌어지는지 지켜보는 것이야말로 최상의 방책인 지역도 몇몇 주가 있지만, 실제로는 그다지 많지 않다. 이처럼 때로는 정부 기관과 아무런 접촉도 하지 않는 것이 최선의 결정이기도 하다. 그나마 세심하게 판단을 내린 경우에만 그게 최선의 결정이 될 수 있다. 그저 미루는 버릇처럼 그런 결정을 내린다면 전혀 적절한 방안이 아니다.

홈스쿨링을 한다는 것을 서류로 알려 달라고 실제적인 마감 기한을 정해 둔 주들도 여럿 있다. 해당 지역의 교육 관련 법을 따르지 않는 것에 대한 성경적인 이유를 제시하지 못하는 경우라면 당신은 그러한 마감 기한을 맞추기 위해 반드시 즉각적인 조치를 취해야 한다.

외부 일은 아버지의 어깨 위에 올려두라

가정의 홈스쿨링을 보호하기 위해 아내가 당신 대신 정부 관료들과 대화하도록 두어서는 안 된다. 적어도 '가정의 지도자가 되라'는 남편에 대한 성경의 가르침을 지지하고 동의한다면 말이다. 정부 당국과 상호 작용하는 일은 지도자의 임무이며, 정확히 아버지의 어깨 위에 얹어 놓아야 할 책임이다. 다른 누구도 아닌 바로 당신이 정부 관료에게 전화를 걸어야 하고, 관리에게 보내는 문서에 서명해야 한다. 물론 부모 둘 다 문서에 서명하는 것도 괜찮다. 우리는 언젠가 엄마 혼자서 형사 고발을 당한 소송 사건을 변호한 적이 있다. 왜냐하면 그 가정이 속한 주의 교육부로 보내는 서류에 엄마 혼자 서명했기 때문이다.

또한 아버지로서 당신은 홈스쿨링 관련 단체에 법적 상담을 신청할 때도 먼저 나서야 한다. 직장 상황으로 인해 낮 시간에는 변호사와 만날 여건이 허락되지 않는다면, 아내가 남편의 뜻을 대신 전달하는 대리자가 될 수도 있다. 어쨌든 당신은 이처럼 가족이 다함께 노력을 기울이는 과정에서 지도자가 되어야 한다. 법적 접촉에서 이루어지는 모든 과정에서 남편과 아내가 확실하게 일치를 이루기 위해서라도 아내를 한쪽으로 버려두어서는 안 되며, 아내와 상의하지 않고 혼자 독단적으로 처리해서도 안 된다. 사랑에 기초한 지도력과 팀정신을 발휘하라. 아버지의 통솔력에 의해 우리 가정은 온전한 홈스쿨링 가정으로 한 걸음씩 나아갈 수 있을 것이다.

주변의 시선으로부터 가족을 보호하라

우리 가정에서 홈스쿨링은 어쩌면 정부 관료들을 만나는 것 외에도 여러 가지 많은 어려움에 직면할 수 있다. 아내와 아이들은 홈스쿨링을 하지 않는 다른 형제자매나 이웃들로부터 조롱거리가 될 수도 있다. 홈스쿨링 가정 가운데 꽤 많은 숫자가 다른 친족이나 심지어 부모들과도 심각한 충돌을 겪고 있다고 말한다.

만약 친족 중 다른 가족들이 홈스쿨링에 동의하지 않는다
면 어떤 경우이든 그러한 이야기는 먼저 아버지인 당신과 함
께 논의되어야 한다. 만약 부모
들이 내린 결정을 둘러싸고 다른
친족들이 아이들에 대해 이러쿵
저러쿵한다면 그것은 전혀 온당
치 못하다. 또 그런 일이 벌어졌
다 해도 아이들은 이 결정에 대
해 아무런 책임이 없다는 사실을
아버지인 당신은 즉시 그리고 매
우 정중하게 주변 친족들에게 알

"사랑에 기초한 지도력과 팀 정신을 발
휘하라. 아버지의 통솔력에 의해 우리
가정은 온전한 홈스쿨링 가정으로 한
걸음씩 나아갈 수 있을 것이다."

려야 한다. 오히려 당신에게 모
든 책임이 있으므로 어떤 질문이나 할 말이 있으면 직접 당
신에게 하라고 요청해야 한다.

만약 논란을 초래하는 원인이 아내의 가족인 외가 식구들
때문이라면 아내는 어떤 식으로든 논의에 참여하고 싶어 할
것이다. 그것도 나름 괜찮다. 그러나 아버지인 당신도 역시
그 자리에 참여하여 당신의 결정을 설명하는 최종적인 책임
을 넉넉히 사랑으로 감당해야 한다.

가족의 홈스쿨링 스케줄을 보호하라

사람들은 홈스쿨링을 한다는 이유로 당신 가족들을 함부로 이용하려고 할지 모른다. 미취학 아동들을 둔 교회나 이웃의 엄마들은 당신 집에 아이들을 맡겨두고 쇼핑을 가고 싶어 할 수 있다. 우리 집도 종종 그런 경험을 했지만, 자녀들이 점점 자라감에 따라 더 많이 공부해야 하는 시기임에도 불구하고 자기 아이들을 돌봐 달라고 부탁할 것이다. 그러므로 그러한 방해가 일어나지 않도록 아내와 아이들을 도와 미리 가정의 규칙을 정해 놓아야 한다. 진짜 긴급 상황을 돕기 위해 규칙을 허물고 싶은 마음이 분명 생기겠지만, 그와 같은 긴급 상황이 모든 업무를 제쳐두고 직장에서 조퇴를 해야 할 만큼 심각한지를 기준으로 차근히 판단해 볼 필요가 있다. 여기에 더하여 가족의 홈스쿨링을 방해하는 커다란 장애물은 전화기다. 그러므로 전화기를 비행 모드로 전환하거나 벨소리를 무음 모드로 설정해 두는 것도 좋은 방법이다. ❧

4장

아버지는 커리어를 쌓도록 가르치는 멘토다

자녀들은 어릴 때부터 부지런히 일하면서 자신의 주도권을 발휘할 수 있도록 훈련시켜야 한다. 또 홈스쿨링을 진행하는 동안에는 자녀들에게 폭넓은 인문 교양을 가르칠 필요가 있다. 그 이후로는 커리어를 쌓는 과정에 초점을 맞출 수 있도록 자녀들을 도와주고, 자기 스스로 영적인 은사를 사용할 뿐만 아니라 현실 세계 속 생활에 대해 실제적으로 경험할 수 있는 기회를 제공해 주어야 한다.

✱

하나님은 아버지와 어머니 모두에게 자녀들을 가르치라고 명령하신다.

아이들아, 아버지의 훈계를 잘 듣고, 어머니의 가르침을 저버리지 말아라. 잠언 1:8, 새번역

그러나 하나님의 설계에서는 본질적으로 어머니가 어린아이와 특별한 관계를 맺도록 가르치고 계신다.

우리는 그리스도의 사도로서 권위를 내세울 수도 있었으나 여러분과 함께 있을 때에는 마치 자기 자녀를 돌보는 어머니처럼 여러분을 부드럽게 대했습니다. 데살로니가전서 2:7, 공동번역 개정판

한편, 자녀들의 어린 시절과 성인이 될 때를 대비해 준비시키는 특별한 책임을 아버지들이 감당해야 한다고 말한다. 어린아이든 큰아이든 양육의 의무를 부모 가운데 혼자서 배타적으로 감당하는 건 분명히 아니라는 것이다. 부모 모두 자녀들의 인생 전반에 적극적으로 관여할 필요가 있다. 그런데 점차 아이들이 성장해 감에 따라 아버지는 특별한 책임을 감당하게 된다. 앞으로 이어지는 4~6장에서는 이러한 특별한 책임에 관해 상세하게 다룰 것이다.

　아버지에게는 자녀들이 커리어career*를 쌓기 위해 적절히 준비하고 있는지 돌아볼 의무가 있다. 아이들이 아직 집에 머물러 있을 때 아버지는 성공적인 공급자가 되라는 분명한 성경의 위임 명령을 받았다. 하나님은 결코 자녀들이 육신의 아버지에게 일평생 동안 의지하여 공급받도록 의도하지 않으셨다. 하나님은 인생을 살아가면서 어느 시점에서는 아버지가 자녀에게 그냥 생선을 던져 주지 말고 스스로 물고기 잡는 법을 가르치도록 의도하셨다.

✳ 이 책의 전반적인 맥락에서는 전문적인 훈련, 직무 훈련, 취업 준비, 진로 탐색, 경력 쌓기, 도제 훈련(apprenticeship), 인턴십(internship), 아웃턴십(outernship), 연수 등 총괄하는 개념으로 볼 수 있다.

성공적인 아버지의 역할을 아래와 같이 6P로 설명할 수 있다.

- 성공적인 인성Successful Person: 정직한 사람, 인격적인 사람

  그러므로 예수께서 그들에게 이르시되 내가 진실로 진실로
  너희에게 이르노니 아들이 아버지께서 하시는 일을 보지 않
  고는 아무 것도 스스로 할 수 없나니 아버지께서 행하시는 그
  것을 아들도 그와 같이 행하느니라요한복음 5:19

- 성공적인 배우자Successful Partner: 하나됨, 한 여자의 남자, 한
  남자의 여자

  이러므로 남자가 부모를 떠나 그의 아내와 합하여 둘이 한 몸
  을 이룰지로다창세기 2:24

  내가 내 눈과 약속하였나니 어찌 처녀에게 주목하랴 그리
  하면 위에 계신 하나님께서 내리시는 분깃이 무엇이겠으며
  높은 곳의 전능자께서 주시는 기업이 무엇이겠느냐 불의한
  자에게는 환난이 아니겠느냐 행악자에게는 불행이 아니겠느
  냐 그가 내 길을 살피지 아니하시느냐 내 걸음을 다 세지 아
  니하시느냐욥기 31:1-4

- 성공적인 부모이자 친구Successful Parent & Player: 모든 면에서
  본보기가 될 수 있는 사람

- 성공적인 공급자Successful Provider: 경제적 · 정서적 · 신체적 ·
  영적 공급자

- 성공적인 제사장이자 선지자Successful Priest & Prophet: 예배자이자 제사장, 자신과 가족을 위한 중보 기도자, 가족을 향한 대언과 예언의 말씀을 선포하고 분별하는 은사를 가진 자
- 성공적인 전도자Successful Proclaimer: 가정 안팎에서 복음 전도자로 사는 자

예수님은 아버지 요셉에게 훈련을 받아 목수라는 직업을 갖게 되었다. 예수님이 야고보와 요한을 제자로 부르셨을 때 두 사람 또한 아버지의 배에서 어부로 일하고 있었다.

거기서 더 가시다가 다른 두 형제 곧 세베대의 아들 야고보와 그의 형제 요한이 그의 아버지 세베대와 함께 배에서 그물 깁는 것을 보시고 부르시니 그들이 곧 배와 아버지를 버려 두고 예수를 따르니라 마태복음 4:21-22

고대로부터 동서양을 막론하고 아버지가 자기 아들에게 어떤 커리어를 쌓도록 적절히 준비시키는 책임을 져야 한다는 것은 보편적으로 널리 이해하고 있는 부분이다. 오늘날 이 책임은 딸들에게까지 확장되고 있다. 적절히 커리어를 쌓도록 자녀들을 훈련시켜야 하는 아버지의 책임에는 여러 가지 측면이 있다. 그 첫 번째 단계는 자녀들에게 무엇이든 제대로

일하는 습관을 기르도록 가르치는 것이다.

자녀들에게 제대로 일하는 법을 가르쳐라

우리 협회의 대표로서 나는 30명의 직원들을 책임지고 있다. 최근 신입 직원들을 면접하는 과정에서 젊은이들에게 점차 부족해지고 있는 네 가지 자질이 있음을 발견했다. 이러한 자질들은 어릴 때부터 계속 강조하여 가르쳐야 하고, 성인이 되면서 훌륭한 자질을 갖춘 일꾼으로 준비시켜야 한다.

권위를 존중하는 태도

대개 고용주들은 제대로 지휘 계통을 밟아야 한다는 원칙을 가지고 있으며, 어떤 지시나 명령이든 기꺼이 받아들일 줄 아는 직원을 원한다. 하지만 많은 직원들은 상사의 지시에 대해 명령이라기보다 그냥 따를 수도 있고 따르지 않을 수도 있는 단순한 제안쯤으로 여긴다. 자신들이 어떻게 생각하느냐에 따라 얼마든지 달라질 수 있다는 것이다. 또 다른 직원들은 상사가 요청하는 것을 수행하기는 하지만, 썩 내키지 않은 듯한 태도로 마지못해 한다. 그러니 즐거운 태도로 얼굴에 미소를 지으면서 기꺼이 지시에 따르는 직원은 어떤 고용주의 눈에든 별처럼 반짝반짝 빛나는 존재로 보일 것이다.

홈스쿨 아버지들이 자녀들에게 불어넣어야 하는 태도가 바로 이것이다. 만약 우리가 자녀에게 순종하기를 가르치지 않는다면 그 자녀는 일터에서 제대로 지시를 따르지 않게 될 것이다. 또한 우리가 폭군처럼 강압으로 순종을 받아낸다면 우리 자녀는 아마도 지시 받은 것만 할 뿐 더 이상 솔선하여 아무것도 하지 않으려고 할 것이다. 더구나 시무룩한 태도로 일할 수밖에 없는 수동적인 일꾼이 되고 말 것이다.

아버지들은 자기 위에 있는 권위자에게 즐겁게 순종하고 진심으로 존중하도록 자녀들을 가르쳐야 한다. 아버지로서 우리가 먼저 삶에서 기꺼이 권위를 존중하려는 자세는 우리 자녀들이 권위에 대한 적절한 태도를 발전시키는 데 있어서 결정적인 요소다. 당신은 상사에게 적절한 존경을 보여 주는가? 교회 지도자들에게 좋은 태도를 유지하고 있는가? 아이들이 뻔히 쳐다보는 자리에서 교통 경찰관에게 어떤 식으로 말하는가? 대통령이나 다른 정치 지도자들에 대해 어떻게 이야기하는가?

당신이 지도자 위치에 있는 사람들의 의견에 전혀 동의하지 않는다 해도 얼마든지 존중하는 태도를 보일 수 있다. 그 사람들과 의견을 달리한다면 자녀들에게 존중하는 태도로 호소하는 법을 보여 줄 필요가 있다. 만약 당신이 속한 도시의 시장이 정치적으로 올바르지 않다고 해서 자녀들 앞에서 시장을 나쁘게 말한다면 자녀들이 권위에 존중하는 태도를 배우지 못할 것이다. 좋지 못한 말을 내뱉는 대신에 시장에게 강력하게 항의하는 글을 써서 우편이나 전자우편으로 보내기 전에 자녀들과 함께 읽어 보도록 하라. 그런 다음에는 시장의 마음이 바뀌도록 기도해야 한다. 그리고 정상적으로 여러 정치적인 절차를 거쳐서 우리 위에 있는 권위자를 바꿀 수도 있기 때문에 다음 선거에서는 더 나은 공직자를 뽑을 수 있도록 부지런히 노력해야 한다.

주도적으로 일하는 태도

나도 역시 고용주이기에 지시 받은 일을 항상 성실히 해낼 뿐만 아니라 마땅히 해야 할 다른 일들도 두루 살펴보면서 맡은 바를 묵묵히 해내는 사람을 소중하게 생각한다. 주도적으로 일하는 자세는 어른보다는 아이들이 발전시키기에 훨씬 더 쉬운 기술이자 태도다. 만약 자녀가 설거지를 하라는 말을 들었는데, 단지 설거지만 하는 게 아니라 부엌 바닥까지 깨끗하게 청소했다면 그 자녀는 주도적으로 일하는 모습을 보여 줄 기회를 선용한 것이다. 지시 받은 일을 제대로 처리하는 것은 물론이거니와 다른 문제점을 발견하고 파악해서 재빨리 해결하는 법을 터득한 아이라면 어떤 일이나 업무 영역에서도 더 높은 위치로 올라갈 만한 태도를 충분히 갖추었다고 할 수 있다.

아주 드물게 자연스레 주도적인 성향을 보이는 아이들이 있다. 우리 집에서는 여덟 명 가운데 단 한 자녀만 이 같은 경우이기도 하다. 그런데 주도적인 성향의 자녀들에게 칭찬을 퍼부으면서도 그것을 당연한 것으로 받아들이면 안 된다. 대다수 아이들은 주도적으로 일하는 법과 필요를 예측하는 법을 배워야 행동할 수 있기 때문이다. 다른 사람들은 한참 후에야 인식할 만한 필요에 주목하여 지금 당장 해결하는 통찰을 얻기까지 차근차근 배워야만 한다. 그 다음으로 아이들은 반드시 이러한 교훈들을 각자 삶의 영역에서 구체적으로 실천에 옮길 수 있는 기회를 가질 필요가 있다.

자질구레한 집안일들은 주도적으로 일하는 법을 배우기 위한 가장 안성맞춤인 훈련장이다. 매일 밤마다 반려동물에게 먹이를 주라고 자녀들에게 이야기해야 한다면 아직까지 주도적으로 일하는 법을 배우지 못했다는 반증이다. 아무런 지시를 듣지 않았을 때에도 솔선하여 그 일을 해내는 법을 배워야 한다. 만약 어린 아기들이 부엌을 엉망으로 만들어 놓았다면 모른 체하고 있거나 서로 미루기보다 10살짜리 아이라도 부엌으로 달려가 깔끔하게 정돈하는 법을 배워야 한다. 누구도 그걸 그냥 밟고 다니도록 가만 내버려 두어서는 안 된다.

탁월한 실력을 갖추기 위해 노력하는 태도

요즘 사회에서는 많은 사람들이 어떻게 해야 탁월한 실력을 갖출 수 있는지를 잊어버린 듯하다. 대부분 "이만하면 됐어"라고 말하면서 대충 만족한다. 나의 대학 시절에 널리 퍼져 있던 학풍은 '누구에게나 확실하게 받아들여질 수 있는' 논문을 제출하는 것이었다. 지금도 일터에 널리 퍼져 있는 태도는 '누구에게나 확실하게 받아들여질 수 있는' 상품과 서비스를 생산해 내는 것이다.

모든 홈스쿨링 가정뿐만 아니라 모든 아이들이 탁월한 실력을 갖추기 위해 노력하는 법을 배우면 좋을 것 같다. 홈스쿨링 공동체 안에는 탁월한 실력보다 못한 기준이라도 대충 만족하려는 유혹이 흔하게 자리 잡고 있기 때문이다.

최근 16살짜리 아들이 고졸 학력 인증서를 받을 수 있는 권리를 거부당한 일로 분노하고 있는 한 어머니와 이야기를 나누었다. 이 아들이 검정시험 모의고사를 쳤는데, 각 과목마다 50점 이하의 점수를 받았다는 것이다. 학력 인증에 통과하기 위해서는 각 과목에서 최소 45점을 받아야 했다. 그리고 대부분 공립 고등학교 졸업생들의 평균 점수는 50점이다. 물론 그 어머니에게 법적 권리에 대해 소상히 설명해 주기는 했지만, 변호사 신분을 떠나 홈스쿨 아버지로서 몇 마디 해주고 싶었다. 그래서 단지 고졸 학력 검정시험을 통과하느냐의 여부를 기준으로 아들이 홈스쿨링을 그만두어야 하는 신호로 받아들이고 단지 그것만으로 아들의 모든 능력을 판단하지 말라고 강력히 권면했다. 고졸 학력 검정시험을 통과한다고 해서 학과 실력이 탁월하다는 표지는 전혀 아니다. 그 어머니에게 자기 아들이 고등학교 졸업생들의 평균 점수를 훨씬 넘어서는 탁월한 수준에 도달할 때까지 계속해서 열심히 공부하도록 도와주라고 격려했다.

미국에서 두 번째로 큰 교원 단체인 미국교사연합American Federation of Teachers의 앨버트 샹커Albert Shanker 회장은 거듭 되풀이하여 말해 왔다. 공립 고등학교 졸업생의 75퍼센트가 제대로 읽고 쓸 줄 모른다고 말이다. 제대로 읽고 쓸 줄도 모르는 학생이 고졸 학력 검정시험에서 몇 점 더 맞았다고 해서 크게 기뻐할 이유는 되지 못한다고 강조했다.

우리 가정 교육에서는 대충 '그만하면 됐다'는 정도를 훨씬 뛰어넘어야 한다. 우리 아이들은 문학 작품을 읽고 이해하는 것뿐 아니라 비평하고 평가하는 법을 배워야 한다. 그래서 위대한 문학 작품들을 자녀에게 충분히 소개해 주면 좋겠다. 이를 테면, 찰스 디킨스의『두 도시 이야기A Tale of Two Cities』를 완전히 통달하는 수준에서 문학 작품을 읽고, 이해하고, 평가할 수 있는 자녀로 키우는 것을 목표로 삼아야 한다.

또한 우리 자녀들은 글을 잘 쓸 수 있어야 한다. 자녀들이 훌륭한 저술가가 되기 위해서는 두 가지를 해야 한다. 첫째, 탁월한 글쓰기와 관련된 책들을 많이 읽어야 한다. 둘째, 그 다음에는 연습하고, 연습하고, 또 연습해야 한다. 아이들이 문장을 명료하게 쓸 수 있다고 해서 충분한 게 아니다. 논리적이고 설득력 있는 글쓰기가 가능하도록 자녀들을 가르칠 필요가 있다. 내 주변에는 기꺼이 자기 의견을 말로 표현할 줄 아는 멋진 사람들을 많다. 그러나 자기 의견을 논리적으로 뒷받침하는 글을 제대로 쓸 줄 아는 사람은 드물다.

우리 자녀들은 기초 수학을 숙달해야 하며, 고등 수학을 어느 정도 이해하고 풀어낼 수 있어야 한다. 물론 모든 아이들에게 미적분학이 필요한 것은 아니다. 실제로 이 정도 수준의 수학적인 가르침이 필요한 자녀는 별로 없다. 그러나 도형이나 입체도형을 다루는 기하학과 방정식과 인수분해 같은 대수학을 제대로 풀어내는 능력은 누구에게나 '확실하게 받아들여질 수 있는' 수학적인 수행 능력을 가늠하는 기준이다. 또한 이 두 수학 과목은 논리와 추론을 가르치기 위한 훌륭한 방편이기도 하다. 지금도 상정된 법률안을 분석하기 위해 내가 자주 사용하는 방법은 중학교 때 기하학 선생님이 가르쳐 주신 추론 방법이다. 수학과 관련하여 논리적이고 질서정

연한 사고로 추론하는 기술은 수많은 직업 현장에서 매우 긴요하게 사용된다.

그리고 공교육에서 제시하는 기준보다 훨씬 더 깊이 배워야 할 학과목이 있다. 우리나라의 역사와 지리에 관해 가능한 한 최고 수준으로 가르쳐야 한다. 이 나라를 세운 독립투사들과 건국 선조들이 쌓아 놓은 역사와 철학을 철저히 가르칠 필요가 있다. 만약 우리가 자녀들에게 자유의 원리에 대해 가르쳐 주지 않는다면 자녀들은 오랫동안 자유를 누리지 못하게 될 수도 있기 때문이다.

나는 자유의 원리를 다른 사람들보다 더 깊이 있게 배우는 특권을 누렸다. 바로 그 원리를 아버지로부터 배웠으니까. 아버지는 나에게 정치권과 법조계에서 벌어지는 복잡다단한 사건들에 대해 차근차근 설명해 주셨다. 또한 그 당시의 쟁점들에 관하여 현명한 사람들의 견해를 직접 들어볼 수 있도록 기회가 있을 때마다 나를 불러내셨다. 그런데 어린 시절부터 정치와 법조계에 대해 풍부하고 성숙한 사고를 형성할 수 있었던 데에는 현재 일어나는 사건과 문제들이 역사적 사건들과 어떤 연관성이 있는지에 대한 아버지의 설명과 토론 덕분이었다.

이후로 고등학교 졸업 즈음부터 대학교 2학년 때까지 나는 전혀 다른 복음의 가르침을 받았다. 그래서 대학교 1학년 때에는 아버지에게 기독교 인본주의야말로 최고의 철학이라고 소리칠 정도였다. 또한 급격히 기울어진 정치적 견해를 분출하기도 했다.

그러나 대학교 3학년 시절, 헌법을 가르치던 교수님 덕분에 단 일주일 만에 돌아서게 되었다. 딕 페인Dick S. Payne 교수님은 「미국 헌법」에 담겨 있는 원래 정신을 깊이 일깨워 주었고, 자유의 원리에 대해서도 가르쳐 주셨다. 그분의 수업 덕분에 아버지가 가르쳐 준 정치 철학으로 다시 돌아올 수 있게 되었고, 그로부터 지난 20년 동안 한 번도 길을 벗어난 적이 없었다.

우리 자녀들에게도 페인 교수와 아버지가 전해 준 원리를 가르치기 위해 『기독교인 학생들을 위한 헌법 강론Constitutional Law for Christian Students』이라는 청소년을 위한 책을 집필하기도 했다. 이제 많은 홈스쿨링 가정에서 이 책으로 「미국 헌법」을 가르치고 있으며, 자녀들이 헌법과 정부 체제를 명료하게 이해할 수 있도록 도와주는 확실한 책이다.

학과목을 가르치는 것만이 우리가 탁월한 실력을 갖추기 위해 노력해야 하는 영역은 아니다. 1장에서 이야기한 대로 자녀들이 먼저 영적으로 성숙하도록 인도해야 한다. 또한 모든 삶의 영역에서 우리 자녀들이 마치 주님에게 하듯이 탁월한 실력을 발휘하면서 모든 일을 적극적으로 감당하도록 격려해야 한다.

무슨 일이든 기꺼이 최선을 다하는 태도

쇼핑몰이나 패스트푸드 식당에서 점원에게 좀 도와달라고 요청했을 때, 의욕 없는 표정과 태도를 보이는 경우가 종종 있다. 물론 이 사람들의 의욕 없는 태도에는 나름의 이유가 있겠지만, 어쨌든 급여를 받는 한 자기 위치에서 최선을 다해야 함에도 의욕을 드러내지 못하는 데에는 게으름도 한몫을 한다. 곧 열심히 일할 의욕이 없는 사람들 말이다.

비밀 한 가지를 말하자면, 나는 원래 아주 게으른 사람이었다. 그다지 일하기를 좋아하지 않았다. 그런데 지금은 협회를 위해서 눈코 뜰 새 없이 바쁘고, 가끔 새벽까지 야근을 할 때도 있다. 게다가 8명의 자녀들을 홈스쿨링으로 키우는 아내를 열심히 도와주는 것도 사실이다. 우리 집 주변에도 할 일이 엄청나게 쌓여 있다. 아내는 종종 우리 집 주변에서 넘쳐나는 일거리를 최소한 조금만이라도 거들어 달라고 이야기한다. 또한 교회의 원로로서 일 년 반 동안 온갖 책무를 도맡아 섬겼다. 게다가 소프트볼 팀의 코치이자 국제 인권 단체의 의장이며, 라디오 프로그램의 진행을 맡는가 하면, 때때로 책을 쓰기도 한다. 그럼에도 나는 여전히 본질적으로 게으른 사람이다.

성인으로 자라나는 과정에서 나에게 어떤 영향이 있었고, 그 일을 통해 게을러지고 싶어 하는 본성을 이겨낼 수 있었다. 어떤 영향이란 바로 아버지였다. 아버지는 내게 일하는 법을 가르쳐 주셨다. 그러나 이 때문에 나는 종종 아버지에게 극렬하게 항의를 하곤 했다. 이런저런 일을 내게 시키실 때마다 아버지와 싸웠다. 심지어 내게 시키려고 했던 그 일에서 벗어나기 위해 아버지를 설득하려고 애쓰다 보니 논증 기술이 발전하기도 했다. 그러나 내가 일에서 벗어날 수 있는 경우는 극히 드물었다.

나는 어쩔 수 없이 잔디를 깎아야 했고, 벽에 페인트를 칠해야 했으며, 우리 집 지붕 공사를 도와야 했고, 물을 끌어오기 위해 배수로를 파야 했으며, 마당에 난 잡초를 뽑아야 했다. 아버지는 학교에서 근무하셨기 때문에 여름 방학 기간에는 한 달 치 월급밖에 못 받았다. 때문에 우리 가족은 늦여름에 이르면 항상 생활비 부족을 경험했다. 그런 일이 벌어질 때마다 가족이 모두 밖으로 나가서 온갖 열매들을 주워 모았다. 복숭아, 체리, 자두, 배, 딸기, 산딸기 등 닥치는 대로 거두어들였다. 8살 때부터 열매 거두는 일을 도와야 했는데, 그 일이 너무나 싫었다. 그래서 이따금 아주 큰 소리를 빽빽 질러댔다.

이제 와서 되돌아보니 아버지는 나에게 억지로라도 일을

시켰지만, 어떻게든 그 일을 열심히 끝내고 난 다음에는 엄청난 유익을 베풀어 주셨다. 하루의 일을 모두 마치고 난 뒤 특별한 '가족 시간'을 보내기 위해 가끔씩 시에서 운영하는 수영장으로 달려갔던 것이다. 우리 가족은 거기서 굉장히 즐거운 시간을 보냈기 때문에 아직도 상당히 좋은 기억으로 남아있다. 좀 더 나이가 들었을 때에는 여름 내내 이 일 저 일 닥치는 대로 했다. 당시 내 친구들이 여름 내내 신나게 뛰어 놀 때에도 나는 열심히 땀 흘려 일해야 했다.

이처럼 내게는 게으른 삶을 살 수 있는 현실적인 선택권이 없었다. 그 결과, 내게 있는 게으름이라는 본성은 결국 아버지의 부지런함 덕분에 어느 정도 극복되었다. 그러나 여전히 나는 나태함에 쉽게 빠지곤 한다. 어린 시절부터 어쩔 수 없이 일을 하면서 혹독하게 훈련을 받았지만, 나이가 든 지금도 여전히 자신을 훈련하기 위해 어려운 시간을 보내곤 한다.

대학에서 커리어를 쌓는다는 것

앞서 언급한 것처럼 역사적으로 자녀들에게 커리어를 쌓도록 준비시키는 책임은 아버지에게 있었다. 이와 같은 기대감은 계속 변화되어 왔는데, 그렇다고 반드시 더 나은 방향으로 변화된 것도 아니다. 그런데 여기에 미묘하지만 아주 중요한 변화가 일어났다. 어떤 커리어를 쌓을 수 있도록 자녀들에게 훈련을 제공하는 아버지의 의무가 단순히 대학에 보내고 마는 정도로 대체되어 버렸다.

홈스쿨링 운동가 중에는 아무 생각 없이 자녀를 대학에 보내는 것이 옳지 않다고 말하는 사람들도 있다. 이런 견해에는 전혀 공감하지 않는다. 성경에 명백한 명령이 없다면 그렇게 단정적으로 공언할 필요가 없다. 반대로 무작정 그와 같은 교육을 받도록 하기 위해 자녀들을 대학교에 보내는 것도 다시 생각해 볼 필요가 있다.

어떤 직업의 경우에는 대학을 가야 할 아주 분명하고 합당한 이유가 있다. 특정 직업들은 대학 교육이 반드시 필요하다고 법적 요구 조건으로 내세우기 때문이다. 법률가, 의사, 교사, 회계사 등은 대학 교육 이상의 커리어가 필요하다.

오래 전에는 대학을 간다는 생각이 커리어를 쌓는다는 목적과 분명하고 긴밀하게 연결되어 있었다. 단지 지식을 쌓기 위한 교육은 직업 세계로 뛰어들 생각이 전혀 없는 부유층 자녀들이나 추구하는 것이었다. 심지어 이 경우에도 부유층 자제들의 훈련은 시민적인 지도자를 준비시킨다는 명목이 자리 잡고 있었다. 커리어를 쌓기 위한 목적과 분리된 고등 교육은 부유하지만 게으른 젊은이들을 제외하고는 거의 찾아볼 수 없었다.

　대학 시절부터 지금까지 너무나 많은 젊은이들이 생산 활동은 하지 않으면서 그저 가진 재산으로 놀고먹는 유한계급으로 전락한 모습을 목격해 왔다. 이 젊은이들은 학교에 가서 무언가 배우기는 하겠지만 주로 파티 문화에 빠져 헤어나질 못했다. 물론 이런 젊은이들만 있는 것은 아니다. 똑똑한 젊은이들이 스스로 영원한 학생이라고 부르면서 8년이든, 10년이든, 12년이든 줄기차게 학교에 남아 버티는 경우도 허다했다. 이런 생활도 전혀 웃어넘길 문제가 아니다. 이 학생들의 부모나 세금을 내는 국민들에게 엄청난 비용을 지불하게 만들기 때문이다.

　예를 들어, 철학과에서 학사 학위를 딴 학생이 철학 교수가 되기 위해 대학원을 준비하거나 관련한 학문을 더 깊이 공부하기 위해 준비하지 않는다면 커리어와 관련해서 유의미한 가치가 별로 없는 일에 인생을 허비한 셈이다. 철학이 무의미하거나 전공하지 말아야 한다는 의미가 아니다. 그러한 전공은 전문 영역과 개인적인 영역 모두에서 굉장한 가치를 나타낼 수 있다. 하지만 이러한 학문 영역을 전공하는 학생이 의미 있는 커리어를 쌓으면서 그 학위를 활용하기 위해서는 현실적으로 매우 어려운 시간을 보내게 된다는 것이다.

　심지어 자녀들이 평판이 좋은 기독교 대학에 다닐 때조차도 해당 대학 교육의 본질을 세심하게 고려해 볼 필요가 있다. 서부 연안에 위치했으며, 신학적으로도 건전하고 평판이 좋은 기독교 대학에서 일어난 이야기를 소개하는 편지를 최근에 받았다. 이 대학에서 갑자기 자신을 기독교인이라고 고백하는 보수적인 국회의원의 강연 약속을 취소하자 뜨거운 논쟁이 일어났다. 이 의원은 국회에서 매우 적절하고 효과적인 방법으로 동성애자 권리 운동을 반대하는 것으로 커다란 명성을 얻고 있었다.

그래서 이 대학의 교수 중 한 명이 총장에게 그 초빙에 대해 불만을 토로하는 글을 썼다. 내용은 대학에서 동성애와 관련하여 그렇게 '부정적인' 견해를 가진 사람을 공공연히 초대한다고 항의하는 것이었다. 또한 투쟁적인 성소수자 활동가 단체인 '퀴어 네이션Queer Nation'과 전투적인 동성애 그룹인 '액트 업ACT UP; AIDS Coalition to Unleash Power'의 활동가들이 해당 국회의원의 강연에 항의하려는 계획을 세우고 있다는 사실을 알게 되었다고 지적했다. 그 교수는 어쩔 수 없이 선택해야 한다면 국회의원보다 퀴어 네이션과 액트 업 활동가들을 지지하는 편이 더 낫다는 견해도 밝혔다.

한 여학생은 국회의원의 강연을 지지하는 편지를 학보사 편집자에게 보냈다. 이 여학생은 학생들이 해당 쟁점을 둘러싼 모든 진영의 이야기를 들어볼 수 있도록 허용되어야 한다는 입장이었다. 이 여학생은 사실상 국회의원의 관점이 옳지 않다고 믿었던 것으로 보인다. 실제로 이렇게 편지를 썼다.

"정치에서는 절대적인 진리란 있을 수 없습니다. 심지어 헌법과 경제 체제조차도 불공정하고 부도덕하니까 말이에요."

이 여학생은 자기 부모가 기독교 대학으로 생각하고 보냈던 믿음을 과감하게 내던져 버리고 말았다. 부모는 아마도 딸이 철저한 기독교 세계관으로 교육받을 것이라고 기대했을 것이다. 그러나 이 여학생은 어떤 절대적 진리도 존재하지 않는다는 인본주의적 관점을 학교에서 전수받았을 뿐이다. 그런데 논리적인 부분에서 이 여학생은 상당히 허약한 훈련을 받았음에 틀림없다. 절대적인 진리가 없다고 하면서도 헌법과 경제 체제에 관한 두 가지 '진리'를 선포했으니 말이다. 이 여학생은 절대적인 도덕 체계라는 측면에서 두 가지를 비판했다. 이 여학생의 신학, 도덕성, 논리는 바로 이 평판 좋은 기독교 대학에서 받은 가르침의 결과로 성경적인 이해와는 다른 것이었다. 그러므로 우리는 아무리 좋은 평판을 듣는 기독교 대학이라 해도 그와 같은 문제들에 대해 경계를 늦추지 말아야 한다.

전통적으로 대학에서 교양 과목을 가르치는 이유는 학생들로 하여금 폭넓은 영역에 대한 경험을 통해 모든 삶의 경험과 연결하여 이해의 폭을 넓히도록 도우려는 것이다. 나 또한 교양 과목 교육에 대해 전적으로 찬성한다. 그러나 이런 영역에서 홈스쿨 자녀들의 교육은 아이들이 집을 떠나기 전에 부모들과 함께 완전히 끝내야 한다. 자녀들에게 검증된 고전 작품들을 폭넓게 읽혀야 하고, 철학, 논리, 고전 문학에 관해 특별한 교양과 식견을 가질 수 있도록 가정에서 부모로부터 훈련 받아야 한다.

교양 과목 교육에 앞서 중요한 것은 하나님의 말씀을 전적으로 의뢰하도록 자녀들의 기초를 공고히 잡아주어야 한다는 것이다. 우리 자녀들이 체계적인 교리와 기독교 세계관의 가르침을 받아 모든 삶의 영역에서 적용할 수 있어야 한다. 데이빗 노에벨David A. Noebel의 『충돌하는 세계관』*은 이런 면에서 좋은 지침이 될 수 있는 탁월한 책이다.

대학이 청소년기까지 반드시 배워야 할 교육을 대신하는 대체물로 활용되어서는 안 된다. 가정에서 기독교 세계관에서부터 교양에 이르기까지 깊고 넓은 기초를 닦은 후에 커리어를 쌓기 위한 중요한 준비 과정의 일환으로 대학을 활용해야 한다. 그리고 만약 당신의 자녀들이 커리어를 쌓는 과정에

✽『충돌하는 세계관』(2013년, 꿈을이루는사람들)은 청소년들에게 6가지 다른 세계관이 신학, 철학, 윤리학, 생물학, 심리학, 사회학, 법학, 정치학, 경제학, 역사학 등 여러 학문 분야에 어떻게 적용되고 차별화되는지를 보여주는 비교 세계관 도서로서, 바른 기독교 세계관을 스스로 이해하고 적용할 수 있도록 돕는 훌륭한 책이다.

서 대학 대신에 법적으로 가능한 다른 대안이 있다면 차선책으로 그러한 대안을 지지하고 싶다.

대학이 아니어도 커리어를 쌓을 수 있다

나는 변호사가 되기 위한 준비 과정으로 학부 과정 4년을 비롯해 법률전문대학원인 로스쿨 과정 3년을 더하여 모두 7년을 대학에서 버텨냈다. 로스쿨에서 보낸 마지막 2년 동안에는 일주일에 30시간 정도 실제로 법률 사무소에서 인턴으로 일했다. 여러 소송 사건에 대한 연구, 의뢰인 면담, 간단한 유언장 작성, 재판 증인의 대기 준비, 브리핑 자료 작성 등 여러 가지 업무를 담당했다. 그리고 마지막 1년 동안에는 심지어 법무 인턴십 프로그램legal internship program의 일환으로 제한된 환경에서 직접 소송 사건을 진행하기도 했다. 로스쿨에서 공부한 몇몇 과목들은 아주 좋았지만, 전반적으로는 학교에서 배운 것보다 법률 사무소에서 일하면서 현장에서 직접 부딪치며 배운 것들이 훨씬 더 많다.

로스쿨에서 공부하고 있을 당시, 우리 법률 사무소에서는 새로운 변호사를 고용했었다. 이 사람은 로스쿨을 졸업한 후에 세법을 공부하느라 추가로 1년을 더 학교에 나가고 있었다. 그래서 법정에 나갈 시간이 임박했는데도 이 사람은 서류를 철하고 재판 순서에 서명한다든지, 심지어 사무실에서 서류철을 인출하는 절차까지 아는 게 아무것도 없었다. 결국 사무소에서는 공식적으로 여전히 학생 신분인 나를 파견해 그 사람에게 여러 가지 요령을 가르쳐 주도록 했다.

내가 변호사로서 공식적으로 일하게 된 첫 날, 이 사람과는 사뭇 달랐다. 서류철을 인출하는 법 같은 단순한 일처리 기술을 배우는 것이 아니었다. 우리 사무실에서는 일주일 동안 진행된 부동산 사기 사건을 도맡아 진행하도록 첫 주 월요일부터 나를 곧장 법정으로 파견했다. 사무실에서는 내가 훈련을 받는 동안 이미 수십 번도 넘게 법정에 섰다는 사실을 잘 알고 있었기 때문에 이 소송도 잘 감당해 낼 수 있으리라는 전적인 신뢰를 주었다. 당시 배심원단에서도 우리가 요구한 내용을 모두 평결에 반영하여 합당한 판결이 나도록 협조해 주었다.

장황한 이야기를 꺼낸 목적은 젊은 변호사 시절에 내가 얼마나 멋지게 일했는지 말하려는 게 아니다. 오히려 두 가지 유형의 훈련 방식, 실무 현장에서 인턴으로 일하는 도제 훈련과 학교 수업을 비교하려는 것이다. 나도 두 가지 방식을 모두 거쳤다. 그러나 만약 한 가지 방식을 택하라고 한다면 도제 훈련이 항상 학교 수업보다 더 나은 방식이라는 점을 말해 주고 싶다. 미국의 거의 대부분 지역인 48개 주에서 변호사가 되기 위한 유일한 방법으로 로스쿨에 다니도록 법으로 정하고 있다는 사실은 정말 부끄러운 현실이다. 현재 버지니아 주와 워싱턴 주만 공식적으로 로스쿨 수업을 거치지 않고서도 변호사가 될 수 있도록 젊은이들에게 합법적인 도제 훈련 제도를 허용하고 있다. 다만 두 지역에서도 역시 합법적인 도제 훈련을 시작하기 위한 조건으로 학사 학위를 요구한다는 점은 참으로 아쉽다.

또한 나는 안수 받은 사역자다. 물론 신학과 목회 분야에서 전문적으로 공부한 적은 없다. 어떤 형태로든 대학에서 종교 교육을 받지 않았고, 한 번도 신학교를 다니거나 신학 교육을 받은 적은 없다. 그러나 나는 수많은 경건한 목회자와 기독교사들로부터 수많은 훈련을 받아 왔다. 그래서 내가 출석하는 교회는 내 인생에 대한 하나님의 특별한 부르심이 있다고 믿었다. 나는 교회에서 공적으로 가르치는 사역에 참여하면서 기독교인 시민으로서 합당한 역할을 감당하도록 훈련시키는 일을 맡고 있었다.

결국 우리 교회와 교단에서는 안수 받는 절차에 신청할 수 있도록 내게 허락해 주었다. 우리 교단의 전통은 다른 박사 학위 프로그램들과 비슷해서 안수를 받기 위해서는 논문과 구두시험에 상응하는 것들을 요구한다. 그래서 나는 공식적인 신학 훈련 없이도 박사 논문에 버금가는 광범위한 진술문을 작성했고, 13명의 목회자로 구성된 심사위원들 앞에서 그에 관한 질문에 대해 일일이 답변하느라 3시간 넘게 서 있어야 했다. 비록 내 인생을 향한 하나님의 부르심이 전문적인 영역이긴 했지만, 내가 거쳤던 논문과 구두시험은 전통적으로 신학대학원에서 다루는 모든 교리적인 관점들을 두루 점검하는 과정이었다.

당연히 신학교 수업이 그다지 유용하지 않다고 이야기하는 게 아니다. 신학교에서도 배울 수 있는 것들은 상당히 많다. 특히 내가 전혀 모르는 성경 원어들을 배울 수 있다. 내가 말하려는 요점은 특정한 커리어를 쌓기 위해 준비하는 과정에서 공식적인 교육 과정 이외에 다른 방법들도 여전히 많다는 것이다.

도제 훈련은 중요한 영역에서는 대학 교육을 받는 것보다 훨씬 더 탁월한 이점을 제공한다. 예를 들어 경건한 성품을 훈련하고 발전시키는 영역이다. 우리가 다녔던 로스쿨에서는 적어도 내가 알기로는 거듭난 기독교인 교수가 한 명도 없었다. 법 윤리학을 제외하고 교수들은 법률적인 고백에 암시적으로 드러나는 도덕성과 성경적 정의에 관한 질문들에 대해 아무것도 가르쳐 주지 못했다. 그러나 우리 법률 사무소에는 내 상사였을 뿐만 아니라 거듭난 멋진 기독교인이었던 레이

에벌Ray Eberle이 있었다. 그에게서 실제적인 법무 기술이라는 측면에서 엄청나게 많은 것들을 배우기도 했지만, 개인적이고 직업적인 면에서 행동하는 기독교인의 성품과 도덕적인 성장에 대해 많은 것을 배울 수 있었다.

물론 레이 에벌이 내게 많은 영향력을 주기는 했지만, 누구보다 우리 아버지가 내게 변호사가 되도록 가장 많은 동기부여를 하고 의미심장한 역할을 해 주셨다. 초등학교 4학년 때 아버지와 나눈 대화를 아직도 생생하게 기억한다. 우리는 관개 수로를 함께 사용하던 어떤 변호사 소유의 들판 한가운데 있었다. 아버지는 나와 함께 관개 수로로 들어오는 수원지를 향해 걸어가면서 변호사들이 한 일을 이야기해 주셨다. 또 정치적인 지도력을 발휘하고 싶어 할 경우 그게 내가 추구할 수 있는 가장 좋은 커리어라고 말씀하셨다.

아버지는 그때부터 내게 정치 영역에 대한 관심을 불어넣고 계셨다. 고등학교로 진학하게 되자 아버지는 강도를 한껏 높였다. 초등학교 교장 선생님이셨던 아버지는 교육법에 관한 전문가가 되라고 조언하셨다. 이유인즉슨 '미국자유시민연맹ACLU; American Civil Liberties Union'에서는 학교의 수명이 다하는 것을 두려워하고 있으며, 각 지역 교육부에서는 그러한 위협으로부터 자기들을 변호해 줄 만한 영리한 사람들이 필요하다는 것이었다.

그래서 내가 대학 졸업 논문으로 써낸 주제도 교육법에 관한 것이었다. 이 주제에 대한 실제적인 지식을 얻기 위해 교육 관련한 많은 수업을 듣기도 했다. 아버지도 나도 당시에는 내가 이렇게 각 지역 교육부에 맞서서 법정에서 끊임없이 싸우는 변호사가 되리라고는 생각도 못했다. 마찬가지로 아버지와 이야기를 나누면서 계획을 세울 때에는 세속적인 인본주의나 뉴에이지 커리큘럼, 또는 콘돔 같은 주제들이 공립학교에서 토론 주제로 다뤄지리라는 사실을 전혀 상상하지도 못했다.

아버지는 내게 아주 어릴 때부터 커리어를 쌓는 비전을 심어 주셨다. 그 가운데 내가 가장 또렷하게 기억할 수 있는 내용은 이것이다. 상당히 많은 이야기를 들려주셨지만, 아버지로부터 들은 생생한 격려라고 한다면 그분이 말씀하셨던 커리어를 쌓는 과정이 나에게 커다란 공감을 불러일으키던 바로 그 시기에 이야기해 주셨던 것이다.

여기에 몇 가지 기본 원리들을 더하여 정리해 보겠다.

자녀들이 성공적인 커리어를 쌓을 수 있도록 아버지가 동기 부여해 주라

자녀들이 자동차 정비나 뇌수술에 관심을 갖더라도 크게 문제되지 않는다. 모든 자녀들에게 무슨 일이든 성공하도록 동기를 불어넣는 것은 반드시 필요한 요소다. 아버지에게는 모든 자녀들이 탁월함과 성공을 향한 갈망을 불어넣어야 할 의무가 있다.

대학은 커리어 쌓기 위한 대체 과정이 아니다

아버지들이 재정 지원을 빌미로 "난 벌써 우리 아이들 대학 교육을 위해 5천만 원이나 썼어요. 이제 나머지는 아이들 몫이에요"라고 말하는 건 옳지 않다. 물론 대학 교육에는 많은 돈이 든다. 대학 교육비 총액은 심지어 조그만 사업을 시작해도 좋을 정도다. 만약 자녀들이 대학 교육을 반드시 해야만 하는 커리어 과정으로 따라간다면 그렇게 하는 것도 나쁘지 않다.

하지만 별 생각 없이 5천만 원 어치의 영문학 작품을 팔려는 사람들의 감언이설에 넘어가 당신의 돈이나 자녀들의 미래를 허비하지 않길 바란다. 그것은 교육적인 접근이라기보다는 어떤 면에서는 단지 물건을 팔려는 회사 편에서 제시하는 상업적 거래임을 기억하기 바란다. 만약 교육이 단지 이타적인 목적만을 위한 것이라면 왜 학부모나 납세자들이 그런 비용을 지불해야 한단 말인가? 국가나 교육 당국은 도대체 무엇을 하고 있단 말인가?

이와 같은 경고는 기독교 대학에 대해서도 역시 마찬가지다. 가정에서 부모가 자녀들에게 철학과 기독교 세계관을 가르쳐야 한다. 만약 자녀들에게 기독교 세계관을 발전시키도록 전문적인 훈련을 시키고 싶다면 데이빗 노에벨이 설립한 '서밋 미니스트리Summit Ministries'에서 제공하는 기독교 세계관과 성경을 배우는 프로그램에 보내는 것을 추천한다.* 또 자녀들이 다방면에 걸쳐 잘 준비되고 사고를 확장시킬 뿐만 아니라 다른 문화를 체험할 수 있는 프로그램으로는 단기 선교도 추천할 만하다.

이런 이야기가 대학을 반대하는 것처럼 들릴지도 모르겠다. 그런 메시지를 전달할 의도는 전혀 없다. 대학에 가야 할 타당한 이유들도 많기 때문이다. 대학에서 가르치는 모든 과목들이 반드시 직접적으로 커리어 과정에 관련되어야 할 필요도 없다. 영문학 과목을 수강하는 것도 당연히 필요하다. 앞서 이야기한 사례가 오해가 되지 않을까 걱정스럽기는 하지만, 핵심은 단지 대학을 다니느라 소모되는 대다수 시간과 비용이 실질적으로 커리어를 준비하기 위해 사용되어야 한다고 촉구하는 것이다.

✳ 국내에서는 크리스천씽킹센터(cafe.naver.com/ctc21)의 유경상 소장이 가장 활발하게 청소년들을 위한 생각 훈련과 기독교 세계관으로 세상을 바라보고 스스로 사고할 수 있도록 도와주기 위해 각종 세미나와 강연을 열어 배움의 기회를 제공하고 있다.

도제 훈련의 기회를 찾으라

왜 많은 목회자들이 도제 훈련 과정을 통해 목회자로서 반드시 갖추어야 할 준비를 미리 하지 않는지 이유를 모르겠다. 젊은 사역자들이 한두 사람의 목회자 아래에서 훈련받으면서 성경 원어를 포함해 신학교에서 가르치는 거의 모든 과목을 충분히 배울 수 있다. 그와 동시에 젊은 사역자들은 경건한 역할 모델을 통해 실제적인 성품 계발에 대해서도 배울 수 있을 것이다.

"사랑에 기초한 지도력과 팀 정신을 발휘하라. 아버지의 통솔력에 의해 우리 가정은 온전한 홈스쿨링 가정으로 한 걸음씩 나아갈 수 있을 것이다."

도제 훈련을 통해 쌓을 수 있는 커리어들은 매우 다양하다. 홈스쿨링 가정들은 이 같은 훈련의 길을 확장하기 위해 우리가 할 수 있는 모든 일에 적극적으로 나설 필요가 있다. 그러나 전문적인 도제 훈련에 대해서는 현실을 직시할 필요도 있다. 만약 당신의 자녀가 회계사, 의사, 변호사, 건축가 등 국가 인증 자격을 취득해야 하는 직업을 꿈꾸고 있다면 그 자녀가 공식적인 교육을 받지 않고서는 필요한 자격을 취득하기 쉽지 않을 것이다.

많은 홈스쿨링 가정들이 도제 훈련에 대해 뜬구름 잡는 식의 이상을 갖고 있다. 하지만 불행하게도 상당수의 홈스쿨링 가정들은 현재의 실상을 제대로 파악하지 못하고 있다. 홈스쿨링 가정의 자녀들이 순전히 도제 훈련 방식만으로 의사, 변호사 그리고 자격증이 필요한 다른 전문직 종사자가 될 수는 없다. 물론 분명히 도제 훈련만을 통해서도 얼마든지 이러한 직업들에 대해 수많은 것들을 배울 수 있다. 그러나 법에 대해 해박한 지식을 얻는 것과 변호사가 되는 것 사이에는 엄청나게 큰 차이가 존재한다.

우리는 도제 훈련으로 가능한 제한된 기회들을 최대한 선용함으로써 온갖 장애물을 밀쳐내려고 노력해야 한다. 그 와중에 도제 훈련만으로는 도달할 수 없는 커리어에 대한 희망을 고집스럽게 붙잡고 있다면 오히려 자녀들과 자신에게 피해를 끼치게 될지도 모른다. 그럼에도 우리는 온갖 직업에 대하여 충분히 적법하게 받아들여질 수 있는 도제 훈련 모델을 만들어내기 위하여 애써야 한다.

딸들에게 가정은 커리어 훈련을 받을 수 있는 좋은 기회다

내게는 6명의 딸이 있으며, 교회와 가정에서 필요한 여성의 역할에 대해 전통적이고 기독교적인 관점을 견지하고 있다. 그럼에도 우리 딸들이 나름대로 커리어를 쌓도록 준비시켜야 할 의무를 느꼈다. 잠언 31장에 등장하는 여인이 이런저런 물건을 팔거나 부동산 거래를 하면서 커리어를 쌓도록 준비되었던 것과 마찬가지 방식으로 말이다.

여성들이 독신으로 부르심을 받을 수도 있다. 만약 그렇다고 해도 스스로 생계를 꾸려갈 수 있도록 커리어를 쌓는 준비를 단단히 할 필요가 있다. 큰딸들이 십대 후반이 되자 직업을 가진 커리어뿐만 아니라 아내이자 엄마로서 제 역할을 다하도록 도와줄 수 있는 훈련 프로그램을 찾아보라고 권했다. 그리고 이에 필요한 훈련과 관련하여 후속적인 필요를 충족시키는 것인지도 함께 고려했다. 예를 들어, 가장 큰딸은 피아노 치는 것을 좋아해서 음악과 피아노 영역에서 대학 수준의 훈련을 받을지 진지하게 심사숙고했다. 이는 분명 교회와 가정에서 사역을 위해서도 얼마든지 사용될 수 있으며, 피아노 교사와 같은 커리어를 위해 필요를 충족시켜야 할 때 얼마든지 사용될 수 있는 영역이었다.

나는 우리 딸들이 잠언 31장에서 명예롭게 그려진 여인처럼 마음껏 자기 능력을 발휘할 수 있는 일거리를 찾게 되길 바란다. 그렇지만 마치 여성주의자들처럼 맞벌이 부부의 꿈을 쫓아가지 않기를 바란다. 이것을 두고 '적절한 동거 형태'라고 부를 수 있는지 모르겠다. 많은 여성주의자들이 뒤늦게 깨닫게 되는 것처럼 우리 딸들 역시 모든 것을 동시에 다 가질 수는 없다.

한편으로는 딸들에게 요구되는 커리어 훈련을 게을리하면서 다른 한편으로는 딸들을 여성주의자들의 커리어 유형으로 몰아감으로써 여성주의자들과 같은 수렁에 빠져들게 하고 싶지는 않다. 잠언 31장에서는 우리에게 경건한 균형에 대해 가르치고 있다. 31장에 등장하는 여인은 일처리 수완과 충분한 재정 자원을 소유하고 있지만, 동시에 자녀들과 남편을 포함한 자기 가정을 지키는 방식으로 수완과 자원을 사용했다.

잠언 31장의 여인은 맨발로 한가롭게 집안을 거닐거나 임신한 채 누워서 리모콘의 채널을 이리저리 돌리거나 텔레비전 드라마에 빠져 있지 않았다. 이 여인은 동네 아줌마들끼리 모여 함께 수다나 떨거나 우아하게 문학 동호회에서 시간을 보낼 틈이 없을 정도로 부지런하고 분주하게 살았다. 그러나 이 여인은 다른 무엇보다 가정에서 자녀들과 남편을 섬기는 데 가장 높은 우선순위를 두었다.

홈스쿨링은 여성들에게 두 세계 중에서 가장 좋은 것을 제공한다. 홈스쿨링이란 사회에서 굉장히 소중한 가치를 부여하는 일, 곧 자녀들에게 학문을 가르치는 일이다. 홈스쿨링은 자녀들에게 진지한 지적 자극을 부여하는 일이다. 또 홈스쿨링은 가정 밖에 있는 사람들에게 존중받을 수 있는 많은 기회를 제공한다.

사람들은 아내가 8명의 자녀를 홈스쿨링으로 키우고 있다는 사실을 알고 나면 기독교인이든 비기독교인이든 하나같이 종종 아내를 마치 슈퍼우먼인양 취급한다. 물론 별다른 금전적인 보상을 받는 것은 아니다. 그러나 온갖 일을 감당하면서도 동시에 자녀들과 함께 가정에서 평화롭게 지낼 수 있는 능력은 어느 누구에게도 뒤지지 않는다.

아내는 고등학교와 대학교를 다닐 때에는 매우 훌륭한 학생이었다. 홈스쿨링을 시작하기 전에 우리 아내는 끊임없이 우리 꼬맹이들이 엎지른 물을 닦아내거나 기저귀를 갈거나 빨래를 해야 하는 반복적인 자기 삶에 대해 가끔씩 지적인 활동이 부족하다고 불평하곤 했다. 때로는 끝없이 이어지는 일들을 처리해야 한다는 생각에 큰소리를 지르면서 속상해하기도 했다.

그래도 우리 가족은 계속해서 홈스쿨링을 해 왔기 때문에 지적인 도전에 대한 아내의 욕구는 넘치도록 풍성하게 채워졌다. 그 결과, 아내는 엄마의 자리가 언제나 가정에 있다는 흔들림 없는 믿음을 가질 수 있게 되었다. 실제로 홈스쿨링은 이 믿음을 커다란 지적 만족을 채울 수 있는 삶의 양식으로 전환시켜서 수많은 보상을 제공해 주었다. 내가 딸들에게 '강력히 요구하는' 커리어는 자기 엄마가 실천해 온 것과 같은 영역이다.

정리하자면 자녀들은 어릴 때부터 부지런히 일하면서 자신의 주도권을 발휘할 수 있도록 훈련시켜야 한다. 또 홈스쿨링을 진행하는 동안에는 자녀들에게 폭넓은 인문 교양을 가르칠 필요가 있다. 그 이후로는 커리어를 쌓는 과정에 초점을 맞출 수 있도록 자녀들을 도와주고, 자기 스스로 영적인 은사를 사용할 뿐만 아니라 현실 세계 속 생활에 대해 실제적으로 경험할 수 있는 기회를 제공해 주어야 한다. ❧

5장

어릴 때부터
자녀의 결혼을 준비시켜라

우리 자녀들이 대대로 영적으로 성공한 사람으로 성장하도록 이끌기 위해 자녀들에게
세상의 손아귀에서 벗어나 말씀이 가르치는 원리에 기초하여 인생의 반려자를 고르도
록 돕는 것보다 더 중요한 일은 없다.

✽

　나는 특수 낙하산을 매고 달리는 보트에 매달려 하늘로
날아오르는 패러세일링parasailing을 떠나거나 석탄 광산의 경
사지를 타고 내려가는 스키 여행을 떠나기도 했다. 또 KGB
의 추적을 받는 러시아의 기독교인들을 만나러 가기도 했고,
「필 도나휴 쇼Phil Donahue Show」에도 두 번이나 출연한 적이 있
다. 그러나 지금까지 내가 시도했던 것 중에서 가장 위험스러
운 활동은 단연코 데이트였다.

　비록 6살 때 기독교인이 되기는 했지만, 십대 시절에는 데
이트에 대한 하나님의 기준을 따르지 않았다. 이전에는 데이
트에 대한 하나님의 온전한 기준을 제대로 알지 못하기도 했
지만, 나를 비추고 있던 주님의 빛조차도 충실히 따르지 않았
다는 점도 인정해야겠다.

　설령 세상적 기준으로는 '꽤 괜찮은 아이'였을지라도 나는

아무 거리낌 없이 비기독교인 여자아이들과 데이트를 즐겼다. 세상은 그게 무슨 문제냐고 하지만, 하나님의 원칙을 위반하는 여러 관행들에 무분별하게 참여하고 말았다. 내가 데이트를 하던 모습도 성경의 가르침을 따른 행동이 아니었지만, 아내와 결혼했을 때도 하나님의 기준으로 보자면 여러 가지 중대한 실수를 저질렀다. 이를 테면 우리는 처가 어른들이 원하는 것보다 훨씬 일찍 결혼해 버렸다.

물론 우리 둘이서 많은 일들을 헤쳐 나오기는 했지만, 이런 부분에서 저지른 잘못 때문에 삶에서 엄청난 대가를 치를 수밖에 없었다. 우리는 데이트를 하면서 저지른 실수들과 더불어 결혼을 둘러싼 잘못된 판단과 행동을 교정하면서 결혼 생활을 바로잡느라 많은 시간을 쏟아부어야 했다. 여러 가지 요점을 분명히 설명하기 위해 내가 저지른 실수들 가운데 몇 가지를 좀 더 자세히 이야기해 보고자 한다.

우리가 결혼할 당시 아내와 나는 아직 제대로 준비되어 있지 않은 상태였다. 이번 장에서 논의하게 될 두 가지 주요 영역, 곧 실질적인 준비와 영적인 준비에서 우리는 매우 부족한 사람이었다. 현재 우리에게는 두 명의 십대 딸이 있는데, 장녀는 곧 성인이 된다. 두 딸은 분명히 객관적으로 매력적인 아이들이다. 그렇지만 둘 다 지금까지 데이트를 해 본 적이 전혀 없다. 또한 우리 자녀들이 모두 그럴 테지만, 우리 딸들은 가까운 장래에 어떤 데이트에도 나서지 않을 것이다.

아내와 나는 경건한 자녀들로 키우고자 애쓰면서 지난 10 여 년 동안 홈스쿨링에 모든 시간을 투자해 왔다. 그러나 아직 영적으로 준비되지 않은 어떤 난쟁이들과 우리 딸들이 결혼하도록 성급하게 허락함으로써 지금까지 온 힘을 다해 홈스쿨링에 쏟아 부은 모든 시간과 정성과 에너지를 한꺼번에 날려 버리고 싶지는 않다. 우리 큰딸들은 오직 다음과 같은 3 가지 원칙과 일치할 경우에만 남자와 교제할 수 있다는 부모의 생각에 전적으로 동의해 주었다.

□ 그 청년과 나는 결혼에 준비되어 있어야 한다.
□ 우리 부모님과 내가 남편으로 합당한 사람이라고 정해 둔 영적·실제적 기준을 충족시킬 경우에만 그 청년을 특별하고 주의 깊게 살펴볼 것이다.
□ 나는 그 사람에게서 개인적인 흥미와 매력을 느껴야 한다.

절대다수의 사람들은 오로지 세 번째 기준에 기초해 데이트를 한다. 나도 그랬다. 홈스쿨링 가정들 사이에서는 코트십 courtship*과 데이트에 대한 수많은 이야기들이 오가고 있다. 코트십과 데이트의 가장 중요한 차이는 단지 개인적인 매력과 관심에 기초해 데이트에 나서기보다 앞서 열거한 세 가지 기준을 모두 온전히 따르는 과정이 코트십이라고 할 수 있다.

코트십 교육, 빠를수록 좋다

이 영역에서 아버지의 첫 번째 임무는 자녀들의 헌신과 결단을 이끌어내고 이성 관계와 결혼에서 앞서 언급한 세 가지 기준을 모두 따르도록 하는 것이다. 자녀들이 만 18세[**]가 될 때까지 기다리지 마라. 그렇다면 너무 오랫동안 기다려야 할 것이다. 우리 가정에서 이 문제를 처음으로 논의했을 때 자녀들이 얼마나 어렸는지 확실히 기억이 나질 않는다. 다만 가장 큰딸이 10~11살이었을 무렵에 진지한 토론이 한창 진행 중이었던 것으로 기억된다.

사실상 세상과 다른 기준을 아이들에게 가르치는 데 있어

---

[*] 코트십은 상대 배우자가 청혼한다는 의미로, 두 사람을 짝지어 주시는 분이 곧 하나님이심을 믿는 절대적인 믿음을 기초로, 결혼을 남편과 아내와 하나님 사이에 맺어진 언약으로 받아들이는 것이 코트십의 본질이다. 자신이 원하는 최고의 배우자를 스스로 찾아서 만나겠다는 욕구와 온갖 노력을 내려놓고, 결혼에 대한 하나님의 주도권을 인정하고 기다리면서 하나님이 예비하신 배우자를 만나기 위해 하나님과의 친밀한 관계로 나아가는 가운데 스스로 최고의 배우자감이 되도록 준비하고 노력하는 것이다.

[**] 대한민국에서 부모 동의하에 결혼할 수 있는 최저 연령은 만 18세이며, 만 19세는 민법상 성년이므로 부모 동의 없이도 결혼이 가능하다. 미국의 경우 만 16세는 양쪽 부모 동의하에 결혼할 수 있으며, 법적 성인은 만 18세다.

서 너무 이른 시기란 있을 수 없다. 내가 한창 자라나던 어린 시절에도 모든 소년들은 여자 친구 하나쯤은 당연히 있어야 하는 것으로 여겼으니 말이다. 지금도 나는 초등학교 2~4학년 때 각 학년마다 함께 놀았던 각기 다른 세 여자 친구들의 이름을 생생하게 기억하고 있다. 여러 해 동안 내 삶에서 여자 친구란 항상 당연한 존재로 여겨졌다. 합법적인 결혼에 대해 생각할 수 있는 나이가 되기 십 년 전부터 이미 우리 시대의 또래들은 저마다 낭만적인 관계를 맺는 짝짓기를 당연하고 충분히 가능한 것으로 생각했다. 그리고 이를 기대하게 만들 뿐만 아니라 오히려 부추기는 것이 우리 사회의 문화이기도 했다.

하지만 일찍부터 이성 관계를 맺는 것이 아무런 해를 끼치지 않는 것은 아니다. 이런 관계는 좋지 못한 삶을 습관화시킬 뿐 아니라 여러 해 동안 시시때때로 나타나는 지나친 감정 몰입을 일으키기도 했다. 중학생이 되었을 무렵 몇몇 친구들은 성적인 관계로까지 나아갔다. 그 친구들은 오랫동안 여자 친구들과 연애에만 빠져서 돌아다녔으며, 이미 결혼을 통한 진짜 부부 관계를 기다리기에는 너무 싫증이 나 있는 상태였다. 나는 이 영역에서 훨씬 결백하다고 말할 수 있다. 그럼에도 아무 탈이 없었던 것은 아니다. 엄청나게 많은 숫자의 여자 친구들과 입을 맞추었다. 그 후에는 마침내 이런 행동에 대해 엄청난 영적 대가를 치러야만 했다.

아내와 나는 이런 흐름과는 전혀 다른 기대감을 가지고 자녀들을 양육해 왔다. 남녀 간의 이성 관계에 대한 논의는 항상 가능성 있는 결혼 배우자라는 전제를 가지고 이루어져야 한다는 것이다. 그 결과, 객관적으로도 예쁜 금발의 17살짜리 아가씨이지만, 우리 딸은 지금까지 단 한 번도 남자 친구를 사귀어 보지 않았다. 우리 딸도 이에 대해 전혀 후회하지 않는다. 우리 부부는 여전히 짜릿할 정도로 설레는 기분으로 자녀들이 코트십을 시작하는 순간을 기다리고 있다. 15살과 12살짜리 딸에게도 이 원칙은 동일하다. 물론 자기 또래의 많은 여자아이들은 이미 진지하게 데이트를 하고 있으며, 그 이상의 진도를 나가기도 한다.

십대 자녀들의 무분별한 데이트와 접촉을 예방하는 원리를 다시 한 번 강조하겠다. 아주 어릴 때부터 남녀 관계의 모든 영역은 인생에서 결혼 직전의 순간까지 안전하게 지켜져야 한다는 사실을 이해하도록 가르쳐야 한다. 나는 공립학교와 세속적인 대학 교육을 통해 세상의 인본주의라는 '종교'를 주입 받았다는 사실을 잘 알고 있다. 하지만 이와 같은 주입식 교육을 통해 당한 피해는 이른 시기부터 데이트에 나서야 한다는 우리 사회의 문화에 의해 당하는 피해보다 덜 심각하고 교정하기도 훨씬 쉽다.

대다수 부모들은 자녀들로 하여금 결혼에 이르기까지 단지 성적인 관계만 절제시키고 싶어 한다. 그러나 우리는 지금까지 그와 같은 절제에 감정적인 절제도 포함시켜야 한다는 사실을 인식하지 못했다. 만약 우리가 자녀들에게 구체적으로 결혼을 준비하기도 전에 애인 관계로 발전하도록 허락한다면 그것은 단지 성적 유혹에 빠지게 만드는 정도가 아니라 많은 경우에는 실제로 성적인 문제를 일으키도록 방조하는 것이나 마찬가지다.

한창 십대 시절을 보내면서 나 역시 수많은 감정적인 관계를 맺었다. 그런데 이러한 정서적 애착 관계는 결국 특정한 수준의 신체 접촉을 일으키게 만들었다. 나름 무분별한 신체 접촉에 빠지지 않도록 나를 지켜주는 일정한 선을 그어 두기는 했지만, 내 영혼은 이미 순결함을 요구하시는 하나님의 기준을 넘고 말았다는 것을 잘 알고 있었다. 그래서 내가 자주 실패하는 이유가 신체 접촉에 대한 좀 더 올바른 경계선을 그어 놓지 않았기 때문임을 깨달았다. 그렇지만 이제는 거기에서 한 걸음 더 나아가 진지하게 아내를 찾아 나설 준비를 충분히 갖추기 전까지는 아예 여자 친구와 어떤 수준의 정서적인 접촉도 할 수 없도록 확실히 선을 그어 두었어야 했다고 생각한다. 이 정서적인 경계선을 넘어선다면 신체 접촉의 경계선 안에서 자신을 지키는 것이 사실상 거의 불가능하기 때문이다.

오늘날의 사회는 성적인 억제에 대해 더 이상 지지하지 않는 분위기가 팽배해져 있다. 오히려 이러한 사회적 압력은 우리 자녀들로 하여금 성적 친밀감을 향해 나아가도록 몰아세우고 있다. 심지어 어떤 경우에는 자녀들이 감정적으로 연애에 빠져 있음을 알고 있는 경우에도 단지 신체적인 접촉만을 자제하라고 얼토당토않게 요구하기도 한다.

아무리 세속적인 인본주의로부터 자녀들을 잘 보호하고 있는 홈스쿨 가정이라고 해도 미성숙한 이성 관계에서 일어날 수 있는 일이나 그보다 훨씬 큰 피해로부터 자녀들을 보호하지 못하는 경우가 종종 있다. 그런 일이 일어나는 이유는 코트십을 통해 자녀들을 경건하게 양육할 수 있는 기회를 놓치기 때문이다.

가정에 대한 기준을 세우는 것이 아버지의 몫이라는 사실을 반드시 기억하기 바란다. 당신은 미성숙하고 감정적이고 신체적인 연애라는 위험천만한 함정을 피하도록 자녀들을 분명하게 지켜 주어야 한다. 가정 중심의 문화와 기대감을 갖도록 자녀들을 훈련시켜서 남녀 이성 관계에서 이루어지는 낭만적인 사랑을 인생에서 결혼 직전의 시기까지 안전하게 보존해 두도록 가르쳐야 한다.

다시 코트십의 세 가지 주요 원리로 돌아가 아버지로서 우리가 어떻게 자녀들을 결혼에 대해 실제로 준비시킬 수 있는지 살펴보도록 하자.

코트십 원리 1
누구든 결혼에 대해 준비될 때까지 코트십을 기다려야 한다

당신의 아들들은 적어도 세 가지 실제적인 영역에서 결혼을 위해 준비되어야 할 필요가 있다. 곧 커리어 쌓기와 재정, 주택 관리, 아버지 역할이다. 또 딸들 역시 적어도 세 가지 실제적인 영역에서 준비되어야 한다. 곧 가르치는 일, 살림살이, 어머니 역할이다.

아들을 위한 결혼 준비

남자가 직업을 갖고 가정의 생계를 책임질 준비를 끝낼 때까지는 결혼에 대해 준비된 게 아니다

성경에서는 남자가 자기 가정을 꾸리기 이전에 커리어 쌓

기를 시작해야 한다고 분명히 이야기하고 있다.

> 네 바깥 일을 다 해놓고 네 밭 일을 다 살핀 다음에, 네 가정을 세
> 워라.잠언 24:27, 새번역
>   누구든지 자기 친족 특히 자기 가족을 돌보지 아니하면 믿음
> 을 배반한 자요 불신자보다 더 악한 자니라디모데전서 5:8

일할 준비가 되어 있지 않은 사람은 결혼에 대해서도 제대
로 준비되지 않은 것이다. 이렇게 말하면서도 나 자신이 참
부끄럽다. 아내와 나는 대학 3학년이 되기 직전에 결혼했다.
변호사가 되고 싶다는 결심이 결혼 전부터 이미 서 있었고,
따라서 본격적으로 일을 시작하는 것은 5년 뒤 로스쿨을 마
친 후라는 것도 잘 알고 있었다.

원래 우리의 계획은 두 사람 다 대학원을 마치는 것이었다.
장인어른과 장모님은 아내의 학비를 도와주려고 준비하셨으
며, 나는 대출과 시간제 아르바이트로 학비를 충당하고 부족
한 부분은 부모님의 도움으로 충당하려고 했다. 우리가 세워
놓은 그 다음 계획은 내가 명문 로스쿨에 들어가 통학을 하
고, 아내는 가족의 생계를 책임지기 위해 상근 교사로 일하려
고 했다.

학부나 대학원 시절에 결혼하는 건 불편하고 힘들다는 뜻

이 아니다. 당시의 결혼은 내게 아주 많은 영역에서 너무너무 유쾌하고 좋았다. 대학 시절 내 성적은 평균 3.0부터 4.0의 학점에 이르기까지 다양했다. 그럼에도 가족을 돌볼 준비를 끝내기도 전에 결혼을 서두르는 것은 아주 무책임한 짓이었다.

아내가 가르치는 일을 하면서 가족의 생계를 책임진다는 계획은 결국 실패로 돌아갔다. 아내는 단 1년 정도만 임시 교사로 일할 수 있었으며, 내가 로스쿨 2학년일 때는 임신하여 아이를 갖게 되었다. 결국 이 무렵 아내는 직장 생활을 포기할 수밖에 없었다.

명문 로스쿨에 다니겠다는 계획도 역시 제대로 실현되지 못했다. 그저 평범한 로스쿨의 야간학부에 들어가는 것으로 결론이 났기 때문이다. 그러다 보니 하루에 한 과목만 수강하면서 3년 만에 대학원 과정을 마칠 수 있었다. 로스쿨 2~3학년 때는 어느 기독교인 변호사의 사무실에서 법무 인턴으로 근무했다. 이 일을 하면서부터 우리 가족의 기본적인 생계를 책임질 수 있는 충분한 소득이 생겼다. 그래도 로스쿨의 학비를 충당할 만큼 충분하지는 않았다. 어쩔 수 없이 우리는 다시 학자금 대출과 가족들의 도움에 의존해야 했다.

그것은 아주 힘겨운 재정적 싸움이었다. 이를 통해 하나님은 여러 모로 우리 유익을 위해 이러한 싸움을 사용하셨다고 확신한다. 그 가운데 하나는 이로 말미암아 그런 상황을 겪어

보지 않았을 때보다 힘겨워하는 사람들의 필요에 훨씬 더 민감해지게 되었다는 점이다. 이 과정에서 깨달은 가장 커다란 교훈은 내가 학교를 마쳤던 방식이 하나님의 방법이 아니라 인간적인 일처리 방식이라는 점이다.

지금 나에게 분명한 것은 어느 누구도 가족을 돌볼 준비가 되기 전까지는 결혼할 준비가 되지 않았다는 점이다. 여전히 취업을 준비하고 있는 사람이 결혼한다는 것은 정말 위험천만한 일이다. 결혼한 채로 학업을 이어온 로스쿨의 많은 친구들이 공부를 마친 직후에 결국 이혼이라는 결말에 이르게 되었다.

대학이나 대학원에서 공부하는 동안에는 절대로 결혼해서는 안 된다고 말하기에는 약간 주저되기는 한다. 하지만 이런 결혼이 보편적이라기보다는 예외적인 경우임에 틀림없다. 만약 당신이 일반 신학교에 가보면 대다수 남자들이 이미 결혼한 상태라는 걸 알 수 있다. 다만 이런 가족들은 엄청난 재정 압박을 받고 있어서 특별한 경우가 아니라면 대다수 아내들은 어쩔 수 없이 일하러 나가야 할 형편이다.

만약 어떤 사람이 더 많은 훈련을 받으러 다니는 동안 일, 저축, 유산 등으로 가족의 생계를 해결하기 위한 재정을 마련하지 못한다면, 특히 결혼한 사람에게는 그 훈련이 하나님의 뜻이라고 보기 힘들다고 생각하는 것이 보편적이다. 물론 이런 추정마저도 하나님의 분명한 인도하심으로 얼마든지 극복될 수는 있다. 어쨌든 우리는 각자 인생에 대한 하나님의 인도하심을 결정하기 위해서 허드슨 테일러의 원칙을 기억해야 한다. 곧 하나님께서 명령하신 것에 대해서는 그분이 모든 것을 다 책임지신다는 원칙이다.

딸을 위한 커리어 계획

딸들의 진로 준비에 대해서도 간략하게 논의해 보자. 만약 가족의 생계를 책임져야 할 남자의 의무에 대해 강조하는 것이 시대에 뒤떨어진 이야기처럼 들리겠지만, 그래도 어쩔 수 없다. 본서에서는 가장 이상적인 모본을 제시하려는 의도이기 때문이며, 성경적 관점에서 가장 이상적인 모본이란 어머니가 자녀들과 함께 가정에 자유롭게 머물고 있는 것이라는 데에는 이론의 여지가 없다.

최근 많은 여성들이 결혼하지 않는다는 이야기를 종종 듣는다. 또 모든 기혼 여성들이 자녀를 가질 수 있는 것도 아니다. 일부 여성들은 이혼하거나 미망인으로 남게 되기도 한다. 그러므로 여성이 커리어를 쌓는 문제에 대해서 매우 진지하게 고려해 보는 것은 반드시 필요하다. 그런 의미에서 아내와 나는 우리 딸들 각자에게 어떤 커리어를 쌓도록 계획하고 준비시키려는 계획을 갖고 있다.

그러나 내가 여기서 이야기하려는 맥락은 결혼을 위한 준비다. 이 같은 맥락 속에서 결혼을 위한 선결조건으로서 한 여성이 가정 바깥에서 어떤 커리어를 쌓도록 준비하는 게 반드시 필요한 것은 아니라고 생각한다.

돈 걱정 없는 가정

가정의 필요를 채울 수 있는 남자의 능력이란 단지 커리어를 쌓는 것 이상을 의미한다. 그것은 가정의 재정적 필요를 채우는 동시에 충분히 관리할 수 있다는 뜻이다. 다시 말해 어떤 남편이든 규모 있는 지출 계획을 짜고 실행하는 법, 예산을 세우는 법, 장단기 재정 계획을 수립하는 법 등을 알아야 할 필요가 있다는 뜻이다.

자녀들, 특히 아들들에게 반드시 재정에 관한 성경의 원칙을 가르쳐야 한다. 자녀들에게 올바른 재정 원칙을 가르치는 데에는 다음과 같은 책들이 효과적이다. 중학생용으로는 래리 버켓Larry Burkett의 『돈 정글에서 살아남기Surviving the Money Jungle』, 고등학생 이상은 윌리엄 우드William C. Wood가 쓴 『당신의 재정에 대해 올바로 파악하기*Getting a Grip on Your Money*』나 재정에 관한 몇몇 기독교 자료들을 활용할 수 있다.＊

특히 상해보험과 각종 보험, 주택 청약 그리고 연금이나 적금 등을 이해하는 기본적인 훈련을 받아야 한다. 다시 말해 결혼에 대해 준비되었는지 생각하기 이전에 커리어를 위한 훈련을 마치고 성인답게 재정 영역에 대해 책임질 준비가 되어 있어야 한다.

남자가 스스로 집안일을 관리할 수 있을 때까지는 결혼에 대해 준비된 게 아니다

솔직히 나는 주택 관리하는 일을 정말 싫어한다. 나는 집에서 일어나는 크고 작은 일들을 잘 관리하는 사람이 아니다. 그러나 충분히 부유해서 주택 관리사나 정원사를 고용할 형편이 아니라면 남자들이 집안일을 관리할 수 있어야 한다는 것은 당면한 현실이다. 수도꼭지를 고쳐야 하고, 잔디를 깎아야 하고, 차도 정비해야 한다.

어느 정도는 딸들에게도 이러한 것들을 가르치는 게 좋다.

＊ 한국에 소개된 래리 버켓의 책으로는 CUP에서 출간한 『돈 걱정 없는 가정』과 『부유한 자녀로 양육하라』 등이 있으며, 아이비엘피코리아에서 출간한 『재정적 자유』와 『재정 압박을 끝내는 열 단계 행동 지침』이나 이 단체에서 개최하는 「베이직 세미나」와 「재정 세미나」를 비롯한 각종 교재들이 많은 도움이 될 것이다(www.iblpkorea.org).

다만 나도 시대에 뒤떨어진 구닥다리이기 때문에 남자들이 일차적인 책임을 감당해야 한다고 생각한다. 우리 아버지는 셀프 자동차 정비소로 나를 데리고 가서 엔진 오일을 교환하고 윤활유를 치는 방법까지 가르쳐 주셨다. 내게는 이런 일에 대해 전혀 소질이 없었지만, 그래도 묵묵히 배우면서 직접 해냈다. 나중에는 우리 집의 지붕 개량 공사를 모조리 떠맡기도 했고, 1년 뒤에는 집 외벽 페인트칠을 혼자서 모두 끝내기도 했다.

한편으로 이런 일들은 나름 괜찮았다. 그리고 우리 큰아들이 지금은 4살이지만 조금 더 자라면 내가 알고 있는 몇 가지 기술들을 전수해 줄 생각이다. 큰딸들은 몇몇 주택 관리의 기술을 배워왔다. 물론 아들들에게는 더 집중적인 훈련이 필요할 것이다. 적어도 아버지로서 아들에게 최소한의 주택 관리 기술을 가르치는 것은 반드시 필요하고, 그런 기회를 제공하는 것도 역시 아버지의 책임이다.

남자는 아버지가 될 준비를 다할 때까지는 결혼에 대해 준비된 게 아니다

이 책이 아버지의 역할에 대해 이야기하고 있기 때문에 굳이 아버지의 속성을 되풀이할 필요는 없을 것이다. 강조하고 싶은 것은 결혼과 아버지의 역할은 분리될 수 없다는 점이다.

지금까지 교회에서는 대개 부모 역할과 성性에 관한 가르침, 그리고 출산을 분리하여 결혼과 가정 생활을 이야기하려고 했었다. 그러나 기독교인으로서 우리는 "자식은 주님께서 주신 선물이요, 태 안에 들어 있는 열매는, 주님이 주신 상급이다"시편 127:3, 새번역라는 말씀이 오늘날에도 여전히 진리임을 이해할 필요가 있다. '우리는 앞으로 몇 년 동안 아이를 갖지 않겠다'라는 생각으로 결혼하는 사람들은 전혀 결혼할 준비가 되어 있지 않은 상태라고 할 수 있다.

또 피임약을 통해 가족계획을 고려하는 사람들에게도 자녀는 주님의 주권적인 결정에 따라 갖게 되는 것임을 말해 주고 싶다. 아무리 그 반대로 나아가기 위해 혼신의 노력을 기울인다 해도 말이다. 만약 어떤 사람이 아버지 역할에 대해 제대로 준비되지 않은 채 결혼한다면, 그 사람은 전혀 준비되지 않은 아버지가 될 가능성이 매우 높다.

당신의 손자를 위해 최고의 영적 지도자가 되도록 아들을 준비시켜야 한다. 분명히 그 아들은 단순히 아버지의 이야기를 듣는 것보다 당신을 관찰함으로써 훨씬 더 많은 교훈을 얻게 될 것이다. 때를 얻든지 못 얻든지 항상 모범을 보여 주라. 그러면 이 아들은 자기 자신의 가정을 섬기는 데 필요한 커다란 기초를 다지게 될 것이다.

딸을 위한 결혼 준비

딸의 결혼을 실제적으로 준비시키기 위해 특별히 관심 가져야 할 세 가지 영역을 한 번 고려해 보자. 그 세 가지는 바로 가르치는 일, 살림살이, 엄마 역할이다.

딸은 자녀를 가르치기 위한 준비가 되어 있어야 한다

나는 홈스쿨링을 믿는다. 그럼에도 내 아들과 딸이 자기 자녀들을 다시 홈스쿨링으로 키울 때까지는 나와 아내의 홈스쿨링은 성공했다고 생각하지 않는다. 그래서 우리 딸들이 적절한 때가 되었을 때 다시 자기 자녀들을 가르치도록 준비시키는 일에 관심을 갖는 것이다.

그렇다고 딸들이 모두 교육 심리학이나 교수 방법론을 배우는 등 전문적인 훈련 과정을 거쳐야 한다는 게 아니다. 이런 형태의 훈련은 대다수 홈스쿨링에서 오히려 역효과를 낳는다. 그 가운데 대다수 기독교인들의 교육 철학으로는 쉽게 받아들이기 어려운 것들이 있기 때문이다.

학문적인 준비를 갖추지 않은 어머니도 얼마든지 홈스쿨링을 할 수 있으며, 이미 많은 어머니들이 탁월하게 자기 역할을 감당하고 있다. 그럼에도 학문적인 배경을 더한다면 홈스쿨 어머니에게는 커다란 자산이 될 것이다. 다만 그것은

'왜 우리가 홈스쿨링에서 탁월함을 추구해야 하는가?'라는 질문에 대한 답변이나 설명을 더해 줄 뿐이다.

아들도 마찬가지지만 딸에게 자기보다 어린 동생들을 가르치도록 요청한다. 우리 딸들도 이와 같은 역할을 어느 정도 잘 감당해 오고 있다. 또한 우리 딸들은 교회 주일학교의 유치부에서 가르치는 일도 하고 있다. 어린 동생들을 가르치는 법을 배운 후에 학문적인 배경까지 더한다면 대학 교육 과정에서 배우는 교육 방법론보다 훨씬 더 가치 있게 사용될 것이다.

딸은 살림을 잘 감당하는 주부로 준비되어야 한다

아내는 이제 훌륭한 요리사라고 자신 있게 말할 수 있다. 사실 결혼하기 전까지 요리는 형편없었다. 공부는 아주 탁월하게 잘했지만, 그래서 사실상 공부에 거의 모든 시간을 투자했기 때문에 가정을 살뜰히 꾸리고 살림을 제대로 해내기 위한 준비는 거의 하지 못했다.

학업 성취도를 평가하는 점수로만 보자면 우리 큰딸들은 아내와 나의 고등학교 시절과 비슷한 수준으로 학업 영역을 잘 수행하고 있다. 그런데 살림을 살아내는 능력에서는 우리 부부보다 딸들의 실력이 훨씬 뛰어나다. 두 딸은 거의 모든 음식을 요리할 수 있다. 18살의 케이티도 비슷한 수준으로 솜

씨를 발휘할 수 있다. 이 아이들은 화장실 청소, 설거지, 빨래 등 잡다한 집안일에 대해서도 오랜 경험을 통해 몸으로 익혀서 능숙하게 해낸다.

홈스쿨링에서 어머니들은 대다수 훈련을 실제로 감당하는 한편, 아버지들도 격려자 역할을 감당하면서 일정 부분의 훈련을 떠맡을 필요가 있다. 어떤 어머니들은 홈스쿨링을 완벽하게 해내려고 욕심을 부리다 보니 모든 일을 혼자 감당하려는 경향이 있다. 만사를 반듯하고 깔끔하게 해결해야 직성이 풀리는 것처럼 말이다. 또 다른 엄마들은 자녀들에게 집안일을 너무 많이 시키는 것에 대해 죄책감을 느끼는 경우도 있다. 이럴 때 아버지들이 아내를 격려해 모든 일에서 훈련 기회로 삼도록 격려해야 한다.

또한 여러 가지 집안일이 완벽하게 돌아가지 않더라도 절대로 불평해서는 안 된다. 어떤 어머니들은 남편이 그렇게 요구하기 때문에 완벽주의자처럼 행동하는 경우도 있다. 만약 당신이 이런 종류의 아버지라면 온유한 마음을 품고 아이들이 시행착오를 통해 배우도록 격려해야 한다.

딸은 어머니로 준비되어야 한다

특별히 딸은 갓난아이들을 돌보는 법을 배울 필요가 있다. 여자아이들은 어린아이를 아동 발달 단계에 맞게 적절히 돌보는 법을 배워야 한다. 어린아이를 돌보기 위해서라도 여자아이들은 인내, 사랑, 헌신을 배울 필요가 있다. 대개 이 모든 것들은 어린 동생을 돌보는 엄마의 행동을 관찰함으로써 배우게 된다. 그리고 마침내 우리 가정의 가장 어린 자녀가 십대에 접어들 무렵이면 그 아이를 분가한 큰아이의 가정으로 보내어 거기서 아기인 조카들을 돌봄으로써 실제적인 자녀 양육의 기술들을 배우게 될 것이다.

만약 당신 가정에 십대 아이들이 보살펴 줄 만한 어린 자녀가 없다면 교회나 홈스쿨 모임에서라도 어린아이들과 상호작용할 만한 기회가 분명히 있을 것이다. 어린아이들이 있는 홈스쿨링 가정들에게 필요한 지원을 제공하면서도 큰아이들을 훈련할 수 있는 기회를 최대한 활용하기 바란다.

코트십 원리 2
부모님과 내가 함께 정해둔 영적이고 실제적인
기준들을 충족시키는 배우자가 아니라면
나는 어떤 사람과도 코트십을 시작하지 않겠다

우리 큰딸은 아내와 다른 여동생들의 도움으로 신랑감을

구할 때 참고해야 할 자질의 목록을 아래와 같이 '소박하게' 만들어 보았다.

장래의 신랑감에게 필요한 성품 자질들

– 크리스티 패리스

☐ 우리 신랑감은 거듭난 기독교인이면서도 분명하게 구원 간증을 할 수 있어야 한다.

☐ 우리 신랑감은 인내심이 있어야 한다.

☐ 우리 신랑감은 친절해야 한다.

☐ 우리 신랑감은 시기심이 없어야 한다.

☐ 우리 신랑감은 겸손해야 한다.

☐ 우리 신랑감은 쉽사리 화를 내지 않아야 한다.

☐ 우리 신랑감은 원한을 품지 않아야 한다.

☐ 우리 신랑감은 악을 기뻐하지 않아야 한다.

☐ 우리 신랑감은 진리를 즐거워해야 한다.

☐ 우리 신랑감은 보호자가 되어야 한다.

☐ 우리 신랑감은 믿음직스러워야 한다.

☐ 우리 신랑감은 소망을 품고 있어야 한다.

- 우리 신랑감은 끈기가 있어야 한다.
- 우리 신랑감은 다정다감해야 한다.
- 우리 신랑감은 유쾌한 사람이어야 한다.
- 우리 신랑감은 좋은 사람이어야 한다.
- 우리 신랑감은 평온한 사람이어야 한다.
- 우리 신랑감은 신실한 사람이어야 한다.
- 우리 신랑감은 상냥한 사람이어야 한다.
- 우리 신랑감은 절제력이 있어야 한다.
- 우리 신랑감은 열심히 일하는 사람이어야 한다.
- 우리 신랑감은 온 마음과 뜻과 정성과 생각과 육과 혼과 영을 다해 하나님을 사랑해야 한다.
- 우리 신랑감은 전적으로 하나님의 길과 법을 따라 걸어가야 한다.
- 우리 신랑감은 주님을 단단히 붙잡은 사람이어야 한다.
- 우리 신랑감은 염려하기보다 기도로 하나님께 나아가는 사람이어야 한다.
- 우리 신랑감은 목표를 향하여 정진하는 사람이어야 한다.
- 우리 신랑감은 말로 다른 사람들을 세워 주는 사람이어야 한다.

- 우리 신랑감은 반드시 조금도 성적인 부도덕함이나 부정함이 없어야 한다.
- 우리 신랑감은 반드시 천박한 농담이나 부적절한 언행을 삼가야 한다.
- 우리 신랑감은 반드시 탐욕스럽지 않아야 한다.
- 우리 신랑감은 반드시 믿지 않는 사람들과 함께 멍에를 메지 말아야 한다.
- 우리 신랑감은 반드시 이 땅에서 빛과 소금이 되어야 하며, 지상위임명령창세기 1:27-28, 문화명령과 교육명령신명기 6:1-9 그리고 선교명령마태복음 28:18-20에 순종해야 한다.
- 우리 신랑감은 반드시 아이들을 좋아하고 사랑하는 사람이어야 한다.
- 우리 신랑감은 반드시 교회의 예배와 모임에 적극 참여하고 헌신해야 한다.
- 우리 신랑감은 반드시 우선순위를 올바로 지켜야 한다.
- 우리 신랑감은 반드시 유머 감각이 있어야 한다.
- 우리 부모님이 반드시 신랑감을 좋아하고 인정해야 한다.
- 우리 신랑감은 반드시 너무 뚱뚱해서는 안 된다과체중은 절제의 원리를 위반한 것이다.

□ 우리 신랑감은 반드시 가족의 생계를 책임질 준비가 되어 있어야 한다.

□ 우리 신랑감은 반드시 가정의 영적 지도자가 될 준비를 갖추어야 한다.

□ 우리 신랑감은 반드시 빚지지 않고 살아가는 삶을 지켜야 한다.

□ 우리 신랑감은 반드시 홈스쿨링으로 자녀를 양육하고 싶어 해야 한다.

□ 우리 신랑감은 반드시 어느 정도 음악적인 능력을 갖추어야 한다.

□ 우리 신랑감은 반드시 나에게 매력적인 사람이어야 한다.

□ 우리 신랑감은 반드시 날마다 주님과 경건의 시간을 가져야 한다.

이 목록에 담긴 문제점이라면 역사상 지금까지 단 한 사람만이 이렇게 완벽한 삶을 살았다는 것이다. 그러니까 이 모든 자질을 완벽하게 소유한 신랑감을 찾아내기란 전혀 불가능하다는 점을 우리 딸도 잘 알고 있다. 다만 어떤 자질들에 대해서는 '반드시'라고 표기되어 있음에 주목하기 바란다. 이러한 자질들에 대해서는 전혀 양보하거나 바꿀 수 없다는 뜻이다. 그럼에도 우리 딸아이가 이런 자질들에 유념하면서 주변에 있는 청년을 바라볼 때 그저 아무 생각 없이 '멋지고 웃기는' 청년을 찾아다니는 것보다 훨씬 나을 것이다. 여기서 가장 중요한 것은 그 청년이 이런 기본적인 자질과 아울러 스스로 변화시킬 수 있는 성장의 역량을 얼마나 갖추었느냐 하는 것이다.

일단 우리 딸이 자신의 목록을 어느 정도 충족시켜 주는 청년을 찾았다면 충분히 오랜 기간 동안 코트십 과정_{courtship period}을 거치면서 그 청년이 이러한 영역에서 영적 성숙을 향해 계속 변화해 나갈 수 있는지 확인해 보아야 한다.

우리 딸의 목록에 있는 많은 성품 자질들은 대부분 고린도전서 13장에서 제시하는 사랑의 여러 가지 특징들과 갈라디아서 5장 22~23절에 등장하는 성령의 열매에서 따온 것들이다. 이러한 자질들은 아내로 적합한 젊은 아가씨를 평가하는데에도 동일한 기준으로 적용될 수 있다. 그 외에 열거된 다른 자질들은 오직 남자에게만 적용되는 것도 있다. 하지만 음악적인 능력을 비롯한 몇몇 자질들은 우리 딸의 개인적인 선호도에 따른 것이다.

내가 이 목록을 공유하는 목적은 모든 자녀들에게 동일하게 적용하라는 게 아니라 당신도 자녀들과 함께 머리를 맞대고 목록을 만들어 볼 것을 제안하고자 함이다.

다음에는 신붓감에게서 고려해 볼 수 있는 몇 가지 추가 자질들을 잠언 31장에서 인용해 보았다.

□ 우리 신붓감은 고상한 성품이어야 한다.

□ 우리 신붓감은 남편의 신뢰를 받을 수 있어야 한다.

□ 우리 신붓감은 가족들에게 유익을 끼치기 위해 열심히 일할 수 있어야 한다.

□ 우리 신붓감은 기꺼이 부지런히 살림살이를 꾸려나가듯이 일손을 움직여야 한다.

□ 우리 신붓감은 가족을 위해 아침 일찍 일어나 식사를 준비하는 것처럼 기꺼이 자신을 희생하여 가족의 필요를 채워 주어야 한다.

□ 우리 신붓감은 재정적인 수완이 있어야 한다.

□ 우리 신붓감은 부지런해야 한다.

□ 우리 신붓감은 기꺼이 가난한 사람들을 가까이하고 섬길 수 있어야 한다.

□ 우리 신붓감은 가족들의 필요를 채우기 위해 미리 계획하고 준비해야 한다.

□ 우리 신붓감은 남편에게 매력적으로 보이도록 계속 자신을 단장해야 한다.

□ 우리 신붓감은 지역사회에서 남편이 지도자가 되도록 영감을 불어넣고 격려해야 한다.

□ 우리 신붓감은 강건하고 품위가 있어야 한다.

여기에 덧붙이자면, 이런 영적 자질을 소유한 젊은이를 찾기 위해 노력한다는 것은 우리도 자녀들이 이런 자질을 갖추도록 양육하는 데 헌신한다는 뜻이다. 우리 자녀가 스스로 최고의 자질을 갖추고 있지 않다면 자녀가 최고의 자질을 갖춘 배우자감에게 매력적으로 다가갈 수 없음을 알아야 한다.

코트십 원리 3
나는 개인적으로 흥미와 매력을 느끼는 사람과만 코트십을 시작하겠다

자녀들이 이 원리에 동의하게 만드는 것은 매우 쉬운 일처럼 보인다. 더 이상 논의할 만한 가치가 없을 정도로 매우 명백하게 생각될 수도 있다.

그런데 일부 홈스쿨링 가정과 기독교인들이 어떤 식으로든 신체적 매력을 이야기하는 것은 전혀 영적이지 않다고 말하는 것을 여러 차례 목격했다. 나는 흥미나 매력을 느끼지 못하는 여성과는 도무지 결혼하고 싶지 않다고 솔직히 고백할 수 있다. 하나님이 우리로 하여금 배우자에게서 기쁨을 찾도록 의도하셨다는 믿음이 없이는 솔로몬의 아가서를 읽을 수 없다.

"우정은 멋진 결혼을 위해 아주 중요한 요소다. 우리 자녀들이 검증된 친구와 코트십을 추구하는 것에 대해 높은 가치를 두도록 격려해야 한다."

문제는 세상에서 결혼을 위한 유일하고 우선적인 기준으로 신체적인 매력이나 재미있는 성격을 꼽는다는 점이다. 그렇다고 해서 우리는 이런 기준들을 과도하게 평가 절하하면서도 세상의 과잉 행동에 대해서 지나치게 반응해서는 안 된다.

반대로 우리 자녀들이 그저 영적인 이타심만 가지고 누군가와 결혼한다면 자녀들은 세상적인 사고방식으로부터 유혹을 당할 수밖에 없다. 그리고 언젠가 우리 자녀들이 언뜻 보기에 여러 가지 그럴듯한 자질을 소유하고 있는 듯한 사람을 찾아 나설 수 있고, 그 사람에게서 소위 특별한 유대감과 매력을 느끼게 될지 모른다. 그러나 이것은 매우 위태로운 상황이 될 수도 있다.

그렇다고 해서 계속 더 매력적인 사람을 찾아다니도록 가만히 내버려두어야 한다는 것도 아니다. 그와는 반대로, 이런 사고방식을 뒷받침하고 생각나게 만드는 것이 바로 연속적인 데이트다. 그러나 신체적인 매력을 완전히 무시하는 것 또한 어리석은 짓이다.

신체적인 매력보다 더 중요한 것은 관심을 끄는 어떤 사람을 찾아내는 능력이다. 우정은 멋진 결혼을 위해 아주 중요한 요소다. 우리 자녀들이 검증된 친구와 코트십을 추구하는 것에 대해 높은 가치를 두도록 격려해야 한다.

함께 큰 꿈을 꿀 수 있는 커플은 도저히 따질 수 없을 만큼 원대한 비전을 공유하면서 끈끈한 결속을 다지게 된다. 자녀들에게 겉으로 드러나는 사람의 모습 아래를 깊이 들여다보도록, 그리하여 서로 양립하는 동시에 보완해 줄 수 있는 꿈과 계획을 품은 사람을 찾도록 가르쳐야 한다.

하나님은 우리에게 최선을 바라신다. 또 즐겁고 흥미진진한 결혼 생활을 영위하길 원하신다. 단지 우리가 영적인 자질들을 소중히 여긴다는 이유만으로 자녀들이 전혀 매력을 느끼지 못하는 결혼을 해서는 안 된다. 모든 일에 균형을 잃지 말아야 한다는 원리는 무엇보다 코트십과 결혼 배우자를 선택하는 과정에서 가장 중요하게 적용되어야 한다. 우리 자녀들이 대대로 영적으로 성공한 사람으로 성장하도록 이끌기 위해 자녀들에게 세상의 손아귀에서 벗어나 말씀이 가르치는 원리에 기초하여 인생의 반려자를 고르도록 돕는 것보다 더 중요한 일은 없다. ❦

6장

자녀를 세상에서
건강한 시민으로 살게 하라

종교적인 신념이 진실인지 거짓인지를 결정하는 것은 정부의 일이 아니다. 그러나 종교의 자유는 모든 국가에서 절대적이어야 한다. 다만 종교의 자유가 제한되어야 할 경우는 인신 제사나 일부다처제, 성적 유린처럼 어떤 종교 행위가 기본적인 도덕 원리를 위배하는 방식으로 취해질 때이다.

✻

　홈스쿨 가정들은 국가의 유익에 매우 긍정적 영향을 끼칠 수 있는 존재들이다. 무엇보다 먼저 우리 자신의 결단과 헌신을 통해 가정이 도덕적이고 재정적 분별력을 잃지 않도록 사회에 기여할 수 있기 때문이다. 그러나 이 나라에 긍정적 영향을 끼치는 데 필요한 지식, 기술, 비전을 갖춘 자녀로 키워 낼 때 훨씬 더 커다란 영향력을 끼칠 수 있을 것이다.

　앞장에서 언급한 대로 아버지는 내게 법과 정치 영역에서 커리어를 쌓도록 크게 동기를 불어넣어 주시고 심대한 영향을 끼쳤다. 아버지는 고향 아칸소 주에서 목격한 뿌리 깊은 부패에 대해 나에게 직접 들려주기도 하셨다. 이것이 나에게 '현실 세계'를 알게 해 주었으며, 이로 말미암아 온갖 부조리한 일에 대해 맞서 싸워야겠다는 불타는 소망이 영혼 깊숙이 자리 잡게 되었다. 또한 아버지는 내게 공산주의라는 악에 대해 설명해 주셨고, 종교의 자유, 자유로운 시장 경제, 개인주의의 원리도 가르쳐 주셨다. 10살 무렵에는 아주 영악한 정치적인 움직임을 통해 외부인이 어떻게 지역학교위원회의 이사로 선발되었는지 자세히 들려주셨다. 이것은 나로 하여금 정치의 절차적 측면에 능통해지는 것이 얼마나 중요한지 깨닫게 해 주었다.

게다가 나를 학교운영위원회에 데려가서 공식적인 발언 요령과 막후 정치의 양상이 어떻게 전개되는지도 자세히 보여 주셨다. 어머니도 마찬가지였지만, 아버지는 언제나 선거에 참여했고, 늘 투표한 이유에 대해서 자신의 신념을 두고 토론하셨다. 그리고 설령 항상 공화당원에게 투표했을지라도 거듭 되풀이하여 "정당이 아니라 사람을 보고 뽑아라"고 말씀하시곤 했다.

아버지는 나를 전문 정치가로 키우려고 이렇게 가르치셨던 게 아니다. 단지 정부에 관심이 많으셨을 뿐이고, 일상에서 정치에 대해 아들과 이야기하는 것을 좋아하셨을 뿐이다. 어떤 아버지들은 정치에 자연스런 관심을 갖고 있지만, 다른 아버지들은 전혀 그렇지 않다. 정치에 자연스런 관심을 갖고 있든 아니든 자녀들에게 시민의식을 체계적으로 훈련시키는 것은 아버지로서 우리가 감당해야 할 당연한 임무다.

자녀들에게 꼭 가르쳐야 할 훌륭한 시민이 되는 데 필요한

8가지 기초적인 원리를 제시해 보겠다. 이 원리들을 강화시키는 데 도움이 되는 몇 가지 토론을 위한 논제도 함께 제안하고자 한다. 이런 논제들은 상상의 나래를 어떻게 펴느냐에 따라 끝없이 펼쳐질 수 있다. 아래에 열거되는 원리들은 내게 중요하다고 생각되는 것들이지만, 당신이 좀 더 보충해도 좋다. 참고로 내가 쓴 『도대체 경계선은 어디인가?』*Where Do I Draw the Line?*』라는 책에서는 기독교인들의 실제적인 시민권 행사 요령에 대해 유용한 조언을 담고 있다.

자유의 8가지 원리

**성경은 시민으로서 우리의 책임뿐만 아니라
삶의 모든 영역을 다루고 있다**

잠언 3장 6절에서는 "네가 하는 모든 일에서 주님을 인정하여라. 그러면 주님께서 네가 가는 길을 곧게 하실 것이다"새번역라고 말하고 있다. 또 "너희는 세상의 소금이다"라고 선포하는 마태복음 5장 13절도 참고하기 바란다. 우리가 세상의 소금이라는 말씀은 우리 사회를 보존하는 존재로서 행동해야 한다는 뜻이다. 에베소서 5장 11절에서는 "여러분은 열매 없는 어둠의 일에 끼여들지 말고, 오히려 그것을 폭로하십시오."_{새번역}라고 우리에게 권면한다. 시편 94편 16절에서 하나님은 "누가 나를 위하여 일어나서 악인을 치며, 누가 나를 위하여 일어나서 행악자들을 대항할까?"_{새번역}라고 묻고 있다.

학창 시절, 우리 고향 교회에서는 동이 서에서 먼 것처럼 정치와 기독교가 서로 분리되어야 한다는 태도가 퍼져 있었다. 아버지는 깨어 있는 기독교인으로서 교회 지도자들이 이런 관점을 취하는 것에 대해서는 별다른 논쟁을 벌이지 않았지만, 집에서는 다르게 가르치셨다. 결국 기독교 사회도 서서히 깨어나기 시작했다. 이제 우리는 누구나 시민으로서 감당해야 할 책임을 포함해 기독교인으로서 감당해야 할 임무가 삶의 모든 영역으로 확장되어야 한다는 것을 분명히 이해하게 되었다. 나아가 우리는 성경적인 관점으로 정치적 쟁점들을 분석하는 법을 배워야 한다.

삶의 다른 영역들과 마찬가지로 성경이 정치에 대해서도 말하고 있다는 사실을 자녀들에게 가르칠 수 있는 몇 가지 아이디어를 여기에 제안한다.

- 신명기 17장 14~20절을 읽어 보자. 이스라엘 백성들이 왕을 요구하기 수백 년 전에 하나님은 정치 지도자를 뽑기 위한 적절한 기준을 말씀하셨다. 가족이 함께 성경을 읽고 왕이 반드시 갖추어야 할 여러 가지 속성에 대해 토론해 보라. 그리

고 이 속성들을 현대 용어로 다시 설명해 보라. 이런 속성에 비추어 볼 때 대통령, 시장이나 도지사, 국회의원 등 여러 정치 지도자들에 대해 서로 생각을 나눠 보자. 호세아 8장을 살펴보면서특히 4절 하나님의 인정을 받지 못하는 지도자를 뽑은 결과는 무엇인지 이야기해 보자.

• 가족이 함께 한 달 동안 매일 잠언을 1장씩 읽어 보자. 잠언에서 언급하는 원리들과 실제 정치, 언론, 연예, 엔터테인먼트 영역에서 활동하는 인물들을 서로 비교해 보면서 자녀들에게 좋은 사례와 나쁜 사례를 찾아보도록 해 보자.

국가는 헌법에 명시된 숭고한 가치와
법적인 원리에 따라 다스려져야 한다

「미국 헌법」의 가치에 대한 개인적 관심과 다음 세대에게 시민의식의 원리를 가르치고자 하는 열망으로 나는 『기독 학생들을 위한 헌법 강론*Constitutional Law for Christian Students*』이라는 고등학생용 교재를 집필하기도 했다. 책이 출간된 후 나름 많이 뿌듯했다. 고등학생 나이였던 두 딸에게 이 책을 교재로 헌법을 가르친 뒤에는 더욱 좋아하게 되었다. 이 책에서 말하고자 했던 가장 중요한 원리 가운데 하나를 설명하면 다음과 같다.

"우리나라는 인치주의가 아니라 법치주의 국가다"라는 옛 말이 있다. 이 말은 국가를 다스리는 사람들이 법 위에 있는 것이 아니라 오히려 그 사람들이 법 아래에서 지배를 받아야 한다는 의미다. 대통령은 어떤 포고령이든 자기 마음대로 공표할 수 있는 제왕적 존재가 아니라 법에서 부여한 권한과 테두리 안에서만 적절한 조치를 취해야 한다.

「미국 헌법」에 명시되어 있는 이런 상위법의 원리 때문에 지도자들이 자기 마음대로 법을 통과시킬 수 없다. 지도자들은 헌법에서 부여한 권한 내에서만 법안을 통과시킬 수 있다. 이처럼 헌법은 정부 관료들의 권력을 제한하고 있다.

사람들이 헌법을 바꿀 수 있기는 하지만, 실제로 그렇게 하기는 굉장히 어렵다. 단순히 다수결로 결정한다고 해서 절대로 마음대로 헌법을 바꿀 순 없다. 미국은 「수정헌법」을 통해 제한 받는 정부라는 개념을 만들어냈다. 이는 하나님의 말씀에 대한 이해를 전제로 한 것이다. 성경은 사람의 생각보다 더 높은 법이며, 사람이 함부로 바꿀 수 없는 법이기 때문이다. 이는 지도자들이 하나님의 법에 지배를 받게 하고, 또한 사람이 만든 상위법에도 지배 받게 한 것이다.

• 가족이 함께 미국 「독립선언문」*을 읽어 보자. 이 선언문을

✽ 미국 「독립선언문」 참조. https://bit.ly/2HuZya5

결의할 때 의도된 청중은 누구라고 생각하는가? 미국 독립 전쟁 당시 13개 식민지의 대표자 회의였던 대륙회의_{Continental Congress}에서는 영국으로부터 독립하기 위해 1776년 7월 2일에 투표를 실시했다. 그런데 이틀 뒤인 7월 4일에 채택되었다는 것은 어떤 의미일까?

- 워터게이트 사건[*]으로 대통령 자리에서 쫓겨난 리처드 닉슨_{Richard Nixon}에 대해 토론해 보자. 이것이 어떻게 상위법의 원리를 생생하게 설명해 주는가?

- 「권리장전」^{**}을 읽어 보자. 연방 정부의 권력에 대해 당신이 생각하는 한계는 무엇인가? 사람들은 어디에서 어떤 권한을 직접적으로 양도 받는가? 사실 「수정헌법」을 보면 권한 양도에 관한 어떤 내용도 포함되어 있지 않다. 오직 정부 권력에 대한 제한 사항만 있을 뿐이다. 사람들에게 권한을 나눠줄 수 있는 유일한 방법은 정부의 권력을 제한하는 것이다.

개인, 가정, 교회, 정부는
다른 주체의 특권을 침해해서는 안 된다

개인, 가정, 교회, 정부는 모두 각기 다른 영역의 관할권을 부여받고 있다. 각자는 자기 관할권 범위 안에서 맡은 임무를

<small>❋ 워터게이트 사건 참조. https://bit.ly/2B2dCoi</small>
<small>❋❋ 미국의 「권리장전」 참조. https://bit.ly/2VGKWly</small>

책임 있고 성실하게 수행하면서도 다른 주체의 특권을 침해해서는 안 된다. 정부의 근본적인 문제는 정부를 운영하는 사람들이 정부의 올바른 목적에 대한 적절한 이해가 없다는 사실이다. 의회를 운영하는 사람들은 우리 삶의 문제들을 단번에 해결하기 위해 연방 입법안을 통과시키려고 한다면서 온갖 약속을 내세운다.

예를 들어, 어떤 엄마가 밖으로 나가서 일하기 위해 가정에서 아이를 돌봐 주는 사람이 필요하다고 호소했다. 그러자 의회는 대규모 유아 돌봄 프로그램에 들어가는 비용을 연방 세금으로 충당하는 내용의 법안을 통과시켰다. 이런 의회의 독단적인 결정 때문에 유아 돌봄 프로그램은 전국적인 쟁점이 되었다.

안타깝게도 자연 재해를 당한 후 가정과 사업체를 재건하는 데 연방 정부가 비용을 지불하도록 하는 것은 개인 책임이라는 기본 원리를 위배하는 것이다. 사람들이 자기 가정이나 사업체에 필요한 보험을 들지 않았다는 것은 개인적인 책임을 다하지 않은 것으로 볼 수 있다. 그런데 왜 다른 가정들이 그런 재해로 인한 피해에 대해 추가 세금을 내라고 강요당해야 하는가? 물론 그런 상황에서도 정부가 도움을 주는 게 마땅하지만, 그와 같은 도움은 제한적이어야 하고 각 개인의 책임을 대신해서는 안 된다.

우리 고향 버지니아 주에서 예전에 뜨겁게 논란이 되었던 정치 쟁점이 있는데, 논리적으로 설명하기가 쉽지 않다. 당시 주지사는 주민들의 세금으로 신축 풋볼 경기장 비용을 충당하고 싶어 했다. 그래서 결국 지도층이었던 억만장자 잭 켄트 쿡Jack Kent Cooke이 기존 경기장보다 더욱 크게 지은 후 입장권을 팔아서 그 수익으로 비용을 충당할 수 있게 한다는 계획이이 확정되었다.

미국 역사에서는 한때 사회 지도층 갑부들이 카네기 도서관 같은 공공 건물을 지어 국민들에게 기부한 때도 있었다. 그런데 지금은 왜 갑부들이 부를 사회에 환원하기보다 오히려 더 많은 돈을 벌어들여서 자기 배를 채우는 데 정부가 나서서 도와준단 말인가? 이처럼 요즘 우리는 정부에게 제한된 목적과 임무만 존재한다는 사실을 완전히 망각하고 있다.

성경은 우리의 개인적인 책임에 대해 가르치고 있다. 우리는 스스로 자신을 돌볼 책임이 있다. 또한 남자들에게는 자기 가족을 돌보아야 한다고 가르치고 있다. 나아가 부모는 자기 자녀들을 교육할 책임이 있다고 가르친다.

우리가 너희와 함께 있을 때에도 너희에게 명하기를 누구든지 일하기 싫어하거든 먹지도 말게 하라 하였더니 우리가 들은즉 너희 가운데 게으르게 행하여 도무지 일하지 아니하고 일을 만들기만 하는 자들이 있다 하니 이런 자들에게 우리가 명하고 주 예수 그리스도 안에서 권하기를 조용히 일하여 자기 양식을 먹으라 하노라데살로니가후서 3:10-12

누구든지 자기 친족 특히 자기 가족을 돌보지 아니하면 믿음을 배반한 자요 불신자보다 더 악한 자니라디모데전서 5:8

네가 호렙 산에서 네 하나님 여호와 앞에 섰던 날에 여호와께서 내게 이르시기를 나에게 백성을 모으라 내가 그들에게 내 말을 들려주어 그들이 세상에 사는 날 동안 나를 경외함을 배우게 하며 그 자녀에게 가르치게 하리라 하시매신명기 4:10

또 너희가 요단을 건너가서 차지할 땅에 거주할 동안에 이 말씀을 알지 못하는 그들의 자녀에게 들고 네 하나님 여호와 경외하기를 배우게 할지니라신명기 31:13

오직 산 자 곧 산 자는 오늘 내가 하는 것과 같이 주께 감사하며 주의 신실을 아버지가 그의 자녀에게 알게 하리이다이사야 38:19

또 아비들아 너희 자녀를 노엽게 하지 말고 오직 주의 교훈과 훈계로 양육하라에베소서 6:4

또한 성경에서는 교회들이 성도 가운데 보살펴 줄 가족이 없는 과부들을 돌봐야 한다고 가르치고 있으며디모데전서 5장, 사도행전 2장 45절에서는 "또 재산과 소유를 팔아 각 사람의 필요를 따라 나눠 주며"라는 말씀을 통해 필요에 처한 형제자매들을 도우라고 명령하고 있다. 나아가 선한 사마리아인 비유를 통해 심지어 매우 심각하고 긴급한 필요에 처한 낯선 사람과 마주쳤을 때에도 기꺼이 친절을 베풀어야 한다고 강조한다_{누가복음 10:25-37}. 기독교 인도주의는 이러한 교회의 의무들을 성취하기 위한 노력의 일환으로 역사 가운데 실천되어 왔다.

로마서 13장 3절에서는 "다스리는 자들은 선한 일에 대하여 두려움이 되지 않고 악한 일에 대하여 되나니 네가 권세를 두려워하지 아니하려느냐 선을 행하라 그리하면 그에게 칭찬을 받으리라"고 말하고 있다. 정부와 관료들은 공의로 다스려야 한다는 것이다. 또 "또 어떤 임금이 다른 임금과 싸우러 갈 때에 먼저 앉아 일만 명으로써 저 이만 명을 거느리고 오는 자를 대적할 수 있을까 헤아리지 아니하겠느냐"_{누가복음 14:31}라는 말씀의 맥락에서 볼 때 국민을 안전하게 지키는 것이 정부의 임무임을 알 수 있다. 또한 정부는 "악행하는 자를 징벌하고 선행하는 자를 포상하기 위하여"_{베드로전서 2:14} 세워진 기관이다.

만약 가정, 교회, 정부가 각자 임무를 제대로 수행하고 다른 주체의 임무를 존중해 주었다면 이 나라는 더욱 좋아졌을 것이다. 그러나 이런 조직 중 어느 하나가 그 임무를 올바르게 수행하지 못할 때 발생하는 문제에 대해서는 맞서 싸워야 한다. 예를 들어, 만약 어떤 아버지가 자신의 가정을 돌보지 않는다면 어떤 일이 벌어지게 되겠는가? 일반적으로는 정부가 나서서 그 가정과 자녀들을 돌봐야 한다고 생각하지 않겠는가?

그런데 반드시 그렇지는 않다. 아버지가 충분히 가정을 돌볼 수 있음에도 불구하고 그렇게 하지 않는다면 정부가 강제할 수도 있고 많은 영역에서 개입할 수 있다. 가장 빈번하게 볼 수 있는 사례는 아버지가 자녀 양육비를 대지 않겠다고 거부하는 것이다. 그 경우 정부는 잘못을 저지르고 있는 아버지를 채무 불이행으로 처벌해야 한다. 위스콘신 주에서는 이전에 자녀 양육비를 대지 않겠다고 거부하면서 일자리를 찾을 수 없다고 주장하는 아버지들에게 시간제 근무라도 할 수 있도록 강제로 동원하는 프로그램을 만들었다. 고속도로 주변에서 쓰레기를 줍는 등 공공 근로 사업에 무급으로 동원 명령을 내렸던 것이다. 그러면 아버지들 대부분이 곧바로 일자리를 찾았다고 반응하기도 했다.

만약 우리가 직계 가족뿐만 아니라 확대 가족까지 스스로 돌보도록 요구한다면 실질적으로 정부의 복지 비용 부담은 상당 부분 줄게 될 것이다. 이런 심각한 문제의 또 다른 사례는 임의적으로 시민들에게 법적인 제한을 가하도록 인정하지 않았는데도 정부가 제멋대로 다양한 행정 조치를 실시해도 이에 대해 시민들이 아무런 목소리를 높이지 않고 가만 내버려둔다는 것이다.

언젠가 뉴욕 올버니_{Albany}에 위치한 법원 건물에서 뉴욕 주정부의 교육부 사무실로 걸어가고 있을 때였다. 두 거대한 빌딩 사이를 걷는 동안 뉴욕 시 정부와 올버니 카운티 정부의 사무실들이 함께 입주해 있는 다른 큰 빌딩 사이를 지나가게 되었다. 한 번의 산책으로도 그처럼 거대한 빌딩을 목격할 수 있다는 것은 너무 많은 행정부가 존재하기 때문에 미국인들이 큰 납세 부담을 안고 있다는 사실도 생생하게 느낄 수 있었다. 대형 건물들 사이로 지나가면서 나는 속으로 이렇게 외쳤다.

'뉴욕의 가엾은 납세자들이여!'

이 건물들은 마치 모든 행정부에게 광범위한 책임뿐만 아니라 별다른 제한이 없다고 강변하는 것처럼 보였다.

미국 전역에는 공립학교를 감독하는 최소 세 곳의 교육부_{연방, 주정부, 카운티}가 존재한다. 어떤 곳에는 네 단계의 교육부가 존재하기도 한다. 왜 우리는 카운티 교육 기관, 주정부 교육부, 연방 정부 교육부에서 참견하고 감독하는 지역 학군이 필요한가? 아이들을 가르치지 않는 수많은 교육 관료들에게 월급을 주기 위해서는 엄청난 납세자들이 필요하다. 그럼에도 각 단계마다 행정부들은 각자 고유한 목적도 제대로 이해하지 못하면서 서로 경쟁하고 있는 현실이다.

미국에서는 어느 단계의 정부가 어떤 기능을 책임지게 할지 교육, 도로 건설, 치안과 소방 업무 등에 대해 명확하게 결정하는 절차를 거쳐야 할 필요가 있다. 온갖 중복 업무를 실질적으로 제거해야 한다. 그리고 각 행정부는 다른 단계의 행정부가 소유한 관할권에 간섭하기보다 자기 사명을 제대로 파악하고 이를 충실하게 잘 수행해야 한다.

- 자녀들이 연방 정부, 주정부, 카운티 등의 교육 관료들에게 메일을 보내도록 해 보자. 왜 그렇게 많은 단계별 교육부서가 필요한지, 그리고 불필요한 관료들에게 재정을 쓰기보다 교사와 교재에 투자함으로써 더욱 효율적으로 집행하는 것이 어떤지 설명해 달라고 요청하라. 그리고 자녀가 받은 답변을 가지고 서로 토론해 보라.
- 국회의원, 주지사, 주 의원, 카운티 감독 위원회, 학교 운영 위원회 이사들에게도 유사한 편지를 보낸 후 받은 답변을 가지고 서로 토론해 보라.
- 가족 가운데 연로하여 특별한 돌봄이 필요한 경우 당신은 어떻게 그 상황에 대처할 것인지 토론해 보라.

모든 사람은 동일한 결과가 아니라
동등한 기회를 보장받아야 한다

오늘날 많은 사람들은 모든 인간에게 성공적인 삶을 영위할 수 있는 권리가 존재한다고 믿는다. 다만 성공하기 위해 노력할 수 있는 권리와 성공할 수 있는 권리 사이에는 커다란 차이가 존재한다. 자유에는 성공할 수 있는 자유뿐만 아니라 실패할 수 있는 자유도 필요하다.

미국은 기본적으로 공정함을 중요하게 생각하는 나라다. 적어도 사회적 가치는 그렇다. 우리는 양편에 똑같이 공정하게 경기를 운영하는 축구 심판을 원한다. 그래서 홈팀에게도 특혜가 없어야 한다고 믿는다. 또 정치와 사법 체계도 이런 공정함의 원리에 의해 운영되어야 함이 마땅하다. 모든 사람은 개인으로서 법 앞에 평등한 대우를 받을 권리가 있다. 그런데 만약 정부가 모든 개인을 동등하게 대해야 한다면 어떻게 이 원리를 각 사람과 사기업에게 개별적으로 적용할 수 있을까?

사적인 거래를 보호하는 일반적인 자유의 원리가 있다. 어떤 기업의 소유주이든 자신이 예일 출신이라는 이유만으로 예일 출신만 골라서 고용하거나 하버드 출신을 거부할 수 있다. 아파트를 임대하려는 집주인이 담배를 피우는 사람에게는 임대하지 않겠다는 원칙을 정할 수 있다. 만약 집주인이 원한다면 담배를 피우지 않는 사람에게만 임대를 거절할 수도 있다. 우리에게는 아무리 어리석어 보일지라도 자유는 그게 어떤 것이든 자기가 원하는 방식대로 사생활을 영위할 수 있도록 허용하라고 우리에게 요구한다.

하지만 우리는 여러 다른 목표들을 달성하기 위해 그 자유의 일부를 기꺼이 제한함으로써 너무나 중요한 몇몇 개념들을 지키고 존중하자고 의견을 모았으며, 또 그렇게 결정했다. 인종 차별 금지가 중요한 본보기라고 할 수 있다. 우리는 인종 차별 금지라는 확고한 개념을 가지고 있기 때문에 어떤 사람도 자신의 피부 색깔 때문에 차별적인 대우를 받지 않도록 하겠다는 명분 아래 기꺼이 일반적인 자유의 원리마저 무시한다.

또 우리는 종교에 대한 관용에도 그와 같은 태도를 드러낸다. 종교 단체와 관련한 고용의 기회를 제외하고 종교적인 차별 금지에 대한 존중은 일반적인 자유도 제한하고, 나아가 고용 문제에서도 종교적인 차별을 전면 금지하고 있다.

물론 몇몇 개념들은 너무 중요해서 자유에 대한 원리마저 무시할 만큼 가치가 있는 것들도 존재한다. 예를 들어, 동성애자 인권법의 핵심 개념은 이러한 '삶의 양식'을 확산시키기 위하여 비동성애자의 자유를 포기하도록 나머지 사회에 요구하고 있다. 동성애 인권법에 찬성하기 위해서는 어떤 사람이 자유에 대한 존중보다 동성애의 확산을 더 중요하게 생각한다고 결정을 내려야 한다. 나는 많은 주에서 결정되는 부도덕한 행위가 우리의 자유에 대한 일반적인 원리마저 박탈하도록 요구해서는 안 된다고 생각한다.

- 모든 사람들에게 동일한 결과를 보장했던 구 소비에트 연방의 경제 체제에서 나타난 결과들을 토론해 보라.
- 제임스타운Jamestown의 역사에 대한 이야기를 읽어 보고 결과의 공평성을 보장하기 위한 정착민들의 노력으로 어떤 결과들이 나타났는지 토론해 보라.
- 중고등학생 자녀에게 미국에서 일어난 유토피아적 운동들에 대한 보고서를 쓰도록 해 보자. 그런 운동들은 하나같이 모두에게 동등한 경제적 결과를 보장하려고 시도했었다.
- 모든 가족들이 각자 노동 생산성에 상관없이 일용할 양식을 배급받을 수 있도록 하는 단기 계획을 수립해 보자. 그 다음에는 가족들이 각자 노동 생산성에 따라 일용할 양식을 배급받을 수 있도록 하는 단기 계획도 세워 보자. 이처럼 서로 다른 계획 아래에서 나타나는 집안 상황에 대해 자녀들로 하여금 비교해 보도록 하라.

우리에게 허락된 자유의 선한 청지기로서
기독교인은 시민의 책임을 다할 의무가 있다

앞에서도 밝힌 것처럼 지금까지 기독교인들에게는 국가의 공적인 업무에 적극적으로 참여해야 할 성경적 의무가 있음을 다소 장황하게 설명했다. 이제 성경에 등장하는 세 가지 주제를 이야기해 보고자 한다.

마태복음 5장 13절은 우리가 세상의 소금이라고 말한다. 성경 시대에 소금은 일차적으로 방부제로 사용되었다. 세상의 소금이라는 것은 우리가 살고 있는 사회에서 도덕적 방부제가 되어야 한다는 뜻이다. 또한 이것은 죄에 맞서 효과적으로 싸워야 한다는 뜻이다. 오늘날 낙태, 포르노 등 너무나 많은 죄악들이 정부에서 공식적으로 인정을 받고 있기 때문에 이에 맞서 효과적으로 반대를 표시하는 방법은 정부에서 진행되는 일에 적극적으로 참여해 의견을 개진하는 것이다.

에베소서 5장 11절에서는 "여러분은 열매 없는 어둠의 일에 끼여들지 말고, 오히려 그것을 폭로하십시오"새번역라고 말한다. 단지 죄악에 참여하지 않는 것만으로는 충분치 않다는 뜻이다. 기독교인으로서 우리에게는 할 수 있는 한 어느 때에든지 죄악을 폭로하고 반대할 의무가 있다.

마지막으로 우리에게는 훌륭한 지도자를 뽑아야 할 의무가 있다. 시편 125편 3절에서는 "의인이 불의한 일에 손대지 못하게 하려면, 의인이 분깃으로 받은 그 땅에서 악인이 그 권세를 부리지 못하게 하여야 한다"^{새번역}고 말한다. 어떤 사람들은 우리가 오직 영혼 구원에만 힘을 쏟는다면 다른 모든 문제들은 저절로 해결될 거라고 믿는다. 오랫동안 교회를 다닌 사람이라면 구원받은 성도들로 채워진 교회에서도 여전히 많은 문제가 일어난다는 것을 직접 목격해서 잘 알고 있을 것이다. 또한 이 구절에서는 사악한 사람들이 우리를 다스리도록 그냥 두어서는 안 되고, 의로운 사람들도 자기 손으로 악을 행하도록 내버려두어서는 안 된다고 강조하고 있다.

- 자녀들과 시사나 정치 토크쇼를 함께 시청한 다음, 그 주제와 관련된 성경적인 원리들을 토론해 보라.
- 만약 우리가 지방 자치 단체에서 영향력 있는 자리를 차지하게 된다면 기독교인으로서 우리는 단체에서 어떤 차이를 이끌어낼 수 있을지 토론해 보라.
- 신뢰할 만한 국회의원 입후보자를 찾아내고, 그 사람의 선거 운동을 도우라. 이상적인 프로젝트는 선거 운동원으로 봉사하는 것이다. 12세 이상의 자녀가 있다면 함께 해당 지역구에 있는 모든 유권자들을 3단계로 접촉할 수 있다. 1단계, 사람들에게 선거 전단지를 나눠준다. 2단계, 각 가정마다 전화를 걸거나 직접 방문해서 유권자 가운데 누가 당신이 돕는 후보

를 지지하는지 알아본다. 3단계, 당신이 돕는 후보자에게 투표하기로 결정했다고 말한 사람이 반드시 선거일에 투표소로 나가도록 독려한다. 만약 이런 식으로 한 가정이 각 지역구를 하나씩 책임진다면 우리가 실질적으로 영향력을 발휘하지 못할 선거는 하나도 없을 것이다.

하나님의 도덕법과 일치하는 경우에만 최대한의 자유를 옹호할 수 있다

기독교인으로서 우리는 자유에 대한 존중을 강력하게 지지하는 시민이 되어야 한다. 그러나 총체적인 자유는 각종 문제에 봉착해 있다.

우리가 언론의 자유를 지지하지만, "손들어. 우린 강도다! 있는 돈 전부 내놔"라고 말할 자유를 지지하는 것은 아니다. 또 불바다 속에서 "극장이야!"라고 외치는 것을 지지하는 것도 아니다.* 자유에는 제한이 있기 마련이다. 자유란 일반적

---

* 1919년 연방 대법원에서 열린 판결(Schenck v. United States, 249 US 47)에서 올리버 홈즈(Oliver Wendell Holmes Jr.) 대법관은 '명백하고 현존하는 위험'을 제기하는 표현은 「수정헌법」 제1조에 위배되므로 처벌될 수 있다고 판결하면서 "언론의 자유가 붐비는 극장 안에서 '불이야!'라고 잘못 소리친 사람을 보호하지 않는다"고 했다. 이후 이 표현은 언론의 자유에 대한 위험과 한계에 대한 은유적 표현이 되었다. 1960년대 미국의 대표적 사회 운동가였던 애비 호프먼(Abbie Hoffman)은 이 쟁점에 대해 "언론의 자유는 불바다 속에서 '극장이야!'라고 외칠 수 있는 권리다 (Free speech is the right to shout "Theater!" in a crowded fire.)"라고 했다. 곧 언론의 자유는 사실 관계의 문제가 아니라 표현의 자유라는 것이다.

으로 '내가 다른 사람에게 해를 끼치는 자유를 가져서는 안 된다'라는 원칙에 의해 제한을 받는다고 말한다. 이 원칙이 상당히 바람직하기는 하지만 거기에도 몇 가지 문제가 있다.

이 원칙이 마약을 합법화해야 한다는 주장을 뒷받침하기 위해 널리 사용되기 때문이다. 마약이 사용자 이외의 다른 사람에게는 영향을 끼치지 않기 때문에 누구도 간섭해서는 안 된다는 논리로 발전되었다. 소위 법적인 성인들 사이에서 아무런 피해도 주지 않는 범죄와 부도덕한 행위는 이러한 원칙 아래에서 얼마든지 정당화될 수 있다는 것이다.

"어떤 아버지들은 정치에 자연스런 관심을 갖고 있지만, 다른 아버지들은 전혀 그렇지 않다. 정치에 자연스런 관심을 갖고 있든 아니든 자녀들에게 시민의식을 체계적으로 훈련시키는 것은 아버지로서 우리가 감당해야 할 당연한 임무다."

우리는 신구약 성경에 투영된 도덕적 원칙들과 일치하는 경우에만 최대한의 자유가 가능하다고 말하는 것이 옳다. 심지어 다른 사람들에게 아무런 해를 끼치지 않았다고 해도 도둑질은 항상 잘못된 것이어야 한다. 살인도 항상 잘못된 행위여야 한다. 술이든 마약이든 제정신이 아닐 정도로 취해 있는 것 역시 부도덕한 일이기 때문에 잘못이어야 한다. 그렇다고 해서 구약의 율법 체계를 세

세하게 전부 반영해야 한다는 말이 아니다. 오히려 옳고 그름에 대한 도덕적 원칙들은 이전에 당연하게 여겨졌던 것처럼 지금도 옹호되어야만 한다는 뜻이다.

낙태에 반대하는 성경적인 관점은 죄 없는 사람의 생명을 취하는 것이 잘못이라는 원칙에 근거를 둔다. 우리는 성경의 가르침을 통해 아직 태어나지 않은 아기일지라도 하나님의 눈에는 이미 개별적인 인격체임을 받아들이고 있다. 그러므로 이 생명을 없애는 것은 잘못이며, 자유의 일반적인 원칙이라 해도 다른 사람의 생명을 취하는 것을 금지하는 도덕법을 이기지 못한다.

- 사람들이 마약을 복용하거나 성적인 부도덕함에 참여할 때 다른 사람들에게 끼치는 간접적인 해악에 대해 자녀들과 함께 토론해 보자.
- 자살의 비도덕성에 대해 토론해 보라.
- 아직 태어나지 않은 아기라도 하나님이 보시기에는 한 인격체라고 분명히 가르치는 성경 구절들에 대해 토론해 보라예를 들어, 누가복음 1장 44절, 시편 139편 15-16절, 이사야 44장 2절을 참고하라.

보십시오. 그대의 인사말이 내 귀에 들어왔을 때에, 내 태중의 아이가 기뻐서 뛰놀았습니다. 누가복음 1:44, 새번역

은밀한 곳에서 나를 지으셨고, 땅 속 깊은 곳 같은 저 모태에서 나를 조립하셨으니 내 뼈 하나하나도, 주님 앞에서는 숨길 수 없습니다. 나의 형질이 갖추어지기도 전부터, 주님께서는 나를 보고 계셨으며, 나에게 정하여진 날들이 아직 시작되기도 전에 이미 주님의 책에 다 기록되었습니다. 시편 139:15-16, 새번역

너를 지으신 분 네가 태어날 때부터 '내가 너를 도와주마' 하신 주님께서 말씀하신다. "나의 종, 야곱아, 내가 택한 여수룬아, 두려워하지 말아라." 이사야 44:2, 새번역

기독교인은 2류 시민으로 취급받아서는 안 되며, 또한 다른 사람들을 2류 시민으로 취급해서도 안 된다

어떤 자유주의자들은 기독교인들이 자기 신앙을 공적인 영역에까지 끌어와서는 안 된다고 주장하면서 '정교 분리 원칙'을 인용한다. 어떤 대법원 판례에 따르면, 주 입법부에서는 받아들여질 수도 있으나 헌법적으로 용인될 수 없는 유일한 동기가 기독교를 널리 전파하려는 동기라고 주장한다. 하지만 이러한 주장들은 잘못이다.

모든 사람들은 공공 정책과 행정에 참여할 수 있고, 인격적인 존재로서 그렇게 할 수 있는 권리를 가져야 한다. 이것이 의미하는 바는 비록 어떤 행동에 대한 동기가 신앙에서 비롯

되었다고 할지라도 기독교인에게는 시민 활동에 참여할 충분한 권리가 있다는 뜻이다. 이와 같은 이유로 무신론자, 불교도, 유대인, 모르몬교도, 여호와의 증인, 그리고 다른 모든 종교의 구성원들도 동일한 권리를 가져야 한다.

이것은 우리가 공공 정책에 참여하는 과정에서 반드시 종교적인 신앙을 솔직하게 밝혀야 한다는 뜻이 아니다. 예를 들어, 내가 인종 차별을 반대하는 이유는 "헬라인이나 유대인이나 할례파나 무할례파나 야만인이나 스구디아인이나 종이나 자유인이 차별이 있을 수 없나니 오직 그리스도는 만유시요 만유 안에 계시니라"는 골로새서 3장 11절의 원리를 위배한다고 믿기 때문이다. 여기서 중요한 것은 내가 인종 차별을 반대한다는 점이다. 내 모든 사고 체계와 종교적 믿음까지 포함한 신념 체계에 기초하여 그게 무엇이든지 내가 원하는 대로 정치적인 결론에 도달할 권리를 가질 수 있다.

우리는 종교적인 관용의 원리에 대한 존중이 없는 국가에 있는 다른 신자들의 권리도 옹호해야 할 특별한 의무가 있다. 종교의 자유를 전문적으로 다루는 인권 단체인 '국제기독교연대Christian Solidarity International' 등이 이러한 사역을 펼치고 있다. 모든 종교가 법 앞에 평등한 지위를 가져야 한다고 말하는 것과 모든 종교는 동일하게 유효하다고 말하는 것에는 큰 차이가 있다. 나는 모든 종교가 진리라고 믿지 않는다. 종교적인 신념이 진실인지 거짓인지를 결정하는 것은 정부의 일이 아니다. 그러나 종교의 자유는 모든 국가에서 절대적이어야 한다. 다만 종교의 자유가 제한되어야 할 경우는 인신 제사나 일부다처제, 성적 유린처럼 어떤 종교 행위가 기본적인 도덕 원리를 위배하는 방식으로 취해질 때이다.

- 정부가 시민들에게 종교에 대한 관용을 베푸는 것과, 사람들로 하여금 모든 종교가 동일하게 유효하다고 믿도록 하는 것은 어떤 차이가 있는지 토론해 보자.
- 국제기독교연대 홈페이지 csi-usa.org에서 전 세계의 기독교인들이 어떤 박해와 아픔을 당하고 있는지 살펴보자. 그리고 이러한 사람들을 도울 수 있는 방법에 대해 가족이 함께 이야기해 보자.
- 다른 종교이지만 종교적 박해를 당하고 있는 사람들에게 국제 구호 단체나 소셜 미디어를 통해 지지하는 편지와 구호금을 전달해 보자.

자유로운 기업 활동과 사유재산권은 본질적인 자유에 기초한다

우리는 기독교인으로서 대부분의 에너지를 종교의 자유와 도덕적인 쟁점들에만 집중하는 경향이 있다. 물론 의심할 여지없이 중요한 문제이긴 하지만, 또한 경제와 관련된 권리에 대해서도 관심을 가져야 한다. 다른 무엇보다 국가 채무를 제거함으로써 우리 자녀와 후손들의 경제적인 자유를 지켜달라고 정부에 요구해야 한다. 2019년 2월 미국 재무부에서 발표한 국가 부채는 22조 100억 달러를 넘어섰다. 이는 어린 아이까지 포함한 미국에 있는 모든 남녀를 통틀어 1인당 약 67,300달러이며, 한화로 약 8,300만 원의 부채를 짊어지고 있는 것이다. 22조 달러는 1천 달러짜리 지폐를 2,245킬로미터 높이로 쌓아올릴 수 있는 금액이다. 만약 이 금액을 10달러짜리 지폐로 채운다면 텍사스 주 휴스턴에 위치한 세계 최초의 돔구장인 아스트로돔astrodome 18군데를 가득 채울 수 있는 양이다.

토머스 제퍼슨Thomas Jefferson은 건국 선조들이 품었던 정부 부채에 대한 분명한 생각을 우리에게 전해 준다. 한 세대의 재정 적자에 대해 다음 세대에게 지불하도록 그 의무를 지울 수 있는 권리가 있느냐의 문제는 정부의 기본적인 원칙에 대한 것이다. 우리는 자기 세대의 채무를 후세에게 전가하는 것이 허용되지 않았음을 심사숙고해야 한다. 도덕적인 면에서도 우리 자신이 직접 그 채무를 갚아야 한다는 책임을 잊지 말아야 한다.

「미국 헌법」 전문에서는 헌법의 목적이 우리와 후손에게 부여된 자유의 축복을 안전하게 지키는 것이라고 말한다. 우리 자녀와 후손들이 지불해야 할 대가를 볼모로 표를 구걸하는 의회의 관행은 그야말로 강도짓과 다름없다. 그로 인해 다음 세대는 자기들이 사용하지도 않은 엄청난 비용을 어쩔 수 없이 지불해야 하는 처지에 놓이게 된다.

이와 관련해 중요한 원칙 중 하나가 국가는 개인의 사유재산권을 존중해야 한다는 것이다. 국가는 오직 그 용도가 부도덕하거나 다른 사람을 해롭게 할 경우라는 사실을 명백히 입증할 수 있는 때에만 개인의 사유재산권을 사용하지 못하도록 제한할 수 있다. 중앙 집권적인 계획 경제는 구소련에서 철저히 실패했다. 우리가 어중간하게라도 중앙 집권적인 계획 경제에 참여해 본다면 아마도 파산과 번영 사이 어딘가에 머물게 되리라는 것은 확실하다. 게다가 중앙 집권적인 계획 경제에 더하여 국가 채무까지 얹어 놓는다면 우리는 정부를 활용해 국가 경제를 망가뜨리는 꼴이다.

- 벤 위더링턴 3세의 『예수님의 경제학 강의』넥서스CROSS나 랜디 알콘의 『돈 소유 영원』토기장이 같은 책을 읽고 자녀들과 함께 토론해 보자. ✤

7장

홈스쿨링의 결과는 과정의 무게보다 값지다

아버지에게는 매우 특별한 의무와 기회가 놓여 있다. 온 세상이 축복을 받을지, 아니면 저주를 받을지 그 여부가 바로 아버지에게 달려 있다. 이제 우리 자녀들을 향해 신실하고 일관성 있게 마음을 돌이켜서 우리 자녀와 후손들, 우리 국가와 온 세상이 확실히 축복을 받도록 하자.

✽

　부모에게는 모든 인생의 발달 단계에서 자녀들을 양육하는 데 적극적으로 참여해야 할 의무가 있다. 엄마에게는 특별히 자녀들의 어린 시절에 감당해야 할 여러 가지 임무들이 있다. 또 아버지에게는 자녀의 어린 시절 후반부에 감당해야 할 특별한 임무들이 있다.

　교회학교에 다니는 아이들을 보면 대부분 시작 단계에서는 매우 잘하지만 마무리 단계에서는 아주 보잘것없는 성장을 보여 주는 경우가 많다. 가장 핵심적인 이유를 들자면 십대가 되는 자녀들에게는 또래 집단과 사회의 압력이 점차 증가하기 때문이다. 그러나 홈스쿨링으로 자라나는 아이들은 대부분 시작 단계뿐만 아니라 마무리 단계에서도 역시 매우 잘 해낸다. 물론 보편적으로 다 그런 것은 아니다. 나는 상당히 많은 홈스쿨링 자녀들이 세상적인 양육 체계 아래에서 특징적으로 나타나는 반항과 또래 집단에 대한 의존성 같은 증상들이 동일하게 나타난다는 사실에 주목했다. 대다수라기보다는 꽤 많은 아이들이 그렇다.

어떤 홈스쿨링 가정들을 살펴보면 대체로 자녀들이 어렸을 때에는 모든 면에서 매우 잘하는 모습을 보게 된다. 아이들은 순종적이고 충성스럽고 신실하다. 그러나 십대 시절을 전환점으로 하여 그 이후에는 홈스쿨링으로 자란 아이들도 십대 시절의 사춘기를 대변하는 듯한 태도들을 고스란히 보여주기 시작한다. 이 같은 행동의 변화가 일어나는 가장 커다란 이유 중 하나는 아버지 역할의 실패 때문이다. 만약 우리가 아버지로서 제 역할을 감당해낸다면 하나님과 가족 그리고 친구들과 성숙하게 어울리는 자녀들을 보게 될 것이다.

홈스쿨링의 교육적 유익은 명백하다. 우리는 또래 중심의 공교육에서 여실히 나타나는 여러 문제나 갈등 없이 자녀들에게 평생을 위한 수준 높은 학문이 가능하도록 준비시키는 역할을 할 수 있다. 하지만 홈스쿨링의 진정한 가치는 단지 학문적인 영역을 훨씬 뛰어넘는다. 이런 가치에는 부모와 전혀 세대 차이를 느끼지 않는 십대 자녀들로 양육하는 것도 포함된다. 자녀들은 당신과 가치를 함께 공유하고, 당신은 그 아이들과 함께 삶을 나눈다. 또한 당신은 자녀들과 조화롭게 동행하는 법을 배운다. 조화롭게 동행하는 것은 동일하게 행동하는 것과는 전혀 다르다. 자녀들은 나머지 가족들과 조화롭게 살아가면서도 하나님의 피조 세계 가운데 독특하고 특별한 개인으로 살아가는 법도 배워야 한다.

당신은 정결한 딸을 보화로 간직하고 있다가 언젠가 경건한 청년과 결혼하도록 내어 주게 될 것이다. 또 건전한 기초 위에서 새로운 가정을 시작하길 고대하는 경건한 청년의 아버지가 될 수도 있다. 당신은 앞으로 자녀들이 맞이하게 될 미래에 대해서도 평화로움이라는 보화를 간직하게 될 것이다. 부모들은 이 세상이 늘 불확실하다는 사실을 잘 알고 있다. 심지어 세상이 전혀 엉뚱하고 문제로 가득 찬 방향으로 나아갈지라도 당신은 각 세대들이 충분히 영적 안정감을 갖고 대응할 수 있는 유산을 창출해 낼 것이라는 확신을 가지고 있다.

비록 홈스쿨링으로 자라나는 자녀들이 숫자상 극소수에 불과할지라도 이 나라의 지도자로 섬기기에 충분한 인물로 자라게 되리라 확신한다. 우리는 매우 커다란 특권을 누리고 있는 자녀들을 양육해 왔다. 소위 세상에서는 '특권'을 누린다고 하면 대개 부모로부터 엄청난 재산이나 기득권을 물려받은 아이들이라고 여길 것이다. 그러나 이제 우리 사회에서 가장 크게 요구하는 자산은 돈이 아니라 시간이다. 우리 자녀들은 이 세상에서 가장 희소한 자원인 시간을 엄청나게 투자

받았다. 이러한 혜택을 누린 수많은 아이들은 앞으로 반드시 지도자가 될 수밖에 없다.

다른 어떤 것보다 당신은 더 많은 영적 부흥을 목격하게 될 것이다. 우리는 지난 수십 년이나 수백 년 동안 수없이 일어난 영적 부흥에 대하여 들어왔다. 지금까지 내가 관여했던 기독교인들의 모든 모임에서는 부흥을 위한 기도가 반드시 포함되어 있었던 것 같다. 그러나 이 세상 어디를 둘러보아도, 심지어 우리 교회 안에서도 부흥의 증거를 찾기란 쉽지 않다.

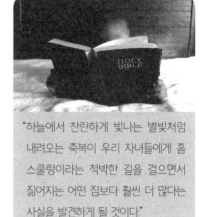

"하늘에서 찬란하게 빛나는 별빛처럼 내려오는 축복이 우리 자녀들에게 홈스쿨링이라는 척박한 길을 걸으면서 짊어지는 어떤 짐보다 훨씬 더 많다는 사실을 발견하게 될 것이다."

부흥이란 어떤 문화를 송두리째 뒤흔드는 방식으로 너무나 강력하게 한 세대를 그리스도에게로 돌이키게 만드는 운동이다. 과거 부흥은 세대와 세대에 걸쳐서 지속적으로 이어지지 못했다. 한 세대에서 뜨겁게 타올랐지만, 다음 세대에서는 미적지근해지고, 그 다음 세대에서는 완전히 식어 버리고 말았다. 이제 부흥이 전 세계 곳곳에서 다양한 모습으로 활발하게 일어나고 있지만, 사람들이 바로 그곳을 주목하지 않았기 때문에 제대로 인식되지는 못했다. 사람들은 전 세계에서 일어

나고 있는 홈스쿨링 운동을 제대로 주목하지 않았다. 그리스
도와 성숙한 기독교인의 삶으로 돌이켜서 아무리 혹독한 세
월의 시험이 닥치더라도 묵묵히 견뎌내겠다고 약속하는 세
대를 주목하지 않았던 것이다. 그러나 이 부흥은 오래도록 지
속될 것이며, 교회들을 뒤흔들고 나라를 탈바꿈시킬 것이다.

물론 이 과업은 그다지 녹록치 않다. 그 길은 평탄치 않고
오히려 고달플 것이며, 굉장히 지난할 것이다. 그리고 굉장히
많은 함정과 우회로를 경험하게 될 것이다. 이 홈스쿨링이 단
기간의 유행이나 변덕이 아니라 오래도록 지속되는 부흥으
로 확실히 자리 잡는 데 있어서 가장 본질적인 요소는 바로
거기에 열심히 참여하는 아버지들이다.

구약 성경의 마지막 두 구절에서는 이렇게 선포하고 있다.

보라 여호와의 크고 두려운 날이 이르기 전에 내가 선지자 엘리
야를 너희에게 보내리니 그가 아버지의 마음을 자녀에게로 돌이
키게 하고 자녀들의 마음을 그들의 아버지에게로 돌이키게 하리
라 돌이키지 아니하면 두렵건대 내가 와서 저주로 그 땅을 칠까
하노라 하시니라 말라기 4:5-6

아버지에게는 매우 특별한 의무와 기회가 놓여 있다. 온 세
상이 축복을 받을지, 아니면 저주를 받을지 그 여부가 바로

아버지에게 달려 있다. 이제 우리 자녀들을 향해 신실하고 일관성 있게 마음을 돌이켜서 우리 자녀와 후손들, 우리의 국가와 온 세상이 확실히 축복을 받도록 하자. 만약 우리가 그렇게만 한다면 하늘에서 찬란하게 빛나는 별빛처럼 내려오는 축복이 우리 자녀들에게 홈스쿨링이라는 척박한 길을 걸으면서 짊어지는 어떤 짐보다 훨씬 더 많다는 사실을 발견하게 될 것이다. ⚜

원안크로스 : 홈스쿨 여행 캠프

2016~7년 파일럿 그룹으로 시작된 아버지 독서모임은 원안적인 삶의 양식을 회복하고, 복음적인 교육 방식을 추구하며, 공동체적인 마을 살이를 지향하는 '원안크로스+(God's Original Design & Cross)'로 태어나게 되었다. 토요일마다 새벽을 깨운 아버지 독서모임으로 말미암아 현재 '홈스쿨 여행 캠프'의 기틀이 마련되었고, 2017년 3월 열린마을 모임에서는 이 3가지 방향성을 토대로 홈스쿨링에 관해 연구 · 훈련 · 자문하는 사역기관인 원안크로스+가 정식으로 발족되었다.

지금까지 원안크로스+에서 진행한 〈홈스쿨 여행 캠프〉는 2017년에 파주와 일산을 비롯한 수도권에서 시작되어 홈스쿨 부모들과 더불어 "온 가족이 함께 떠나는 즐거운 믿음 여행"에 관하여 새로운 배움의 기회를 제공했다. 2018년 겨울-봄 학기에는 파주, 일산, 성남, 용인, 평택, 아산, 구리, 오산, 송탄, 서울 강서 등 전국 각지에서 동시다발로 진행되었다. 2019년 가을 학기에 시즌 1 캠프가 45기, 시즌 2 캠프가 2기까지 진행되었고, 홈스쿨의 성경적 기초 원리와 전반적인 밑그림을 그려나갈 수 있도록 함께 배움의 길을 걸어왔다.

원안크로스+는 위 3가지 방향성과 가치를 실현하기 위해 앞으로도 전국에서 찾아가는 〈홈스쿨 여행 캠프(Homeschooling Ad-venture Camps)〉를 열어나갈 계획이며, 향후 〈1일 원샷 캠프〉 〈성경적 자녀 양육 캠프(4주 과정, 홈스쿨러 & 비홈스쿨러 대상)〉 〈홈스쿨 자녀 캠프(Homeschooling Youth Camp)〉, 캠프 졸업생들을 위한 〈GPN 수양회〉 등 다양한 필요를 채우기 위해 사역을 열어가기 위해 기도하고 있다.

원안크로스+ 섬김이
임종원 (ljw2000@hanmail.net / 010-2551-2767)
이묘범 (lmb2767@hanmail.net / 010-2802-2767)

홈스쿨 여행 캠프 소개

홈스쿨 여행 캠프 신청

한국기독교홈스쿨협회는 2000년대 국내 홈스쿨링을 시작한 1세대 가정들과 해외에서 홈스쿨링을 경험하고 입국한 가정들로부터 시작되었다. 미국에서 온 홈스쿨 가정의 브래드 볼러가 대표로 있던 한국기독교가정학교협의회(CHEA KOREA)와 김남영 교수가 대표로 있던 홈스쿨연맹이 연합하여 홈스쿨 세미나와 컨퍼런스를 진행해왔고, 2006년 두 단체가 통합되어 한국기독교홈스쿨협회(KCHA)가 출범하게 되었다. 2007년 비영리법인으로 정식 인가되었다. 이후로 다양한 세미나를 통해 활발한 네트워크 사역과 교육을 진행하고 있다. 홈스쿨은 한국 기독교의 미래라는 비전 아래서 현재 다양한 사역을 진행하고 있다.

· 법적 제도적 개선 : 국가의 법적 제한 문제 및 가정과 부모의 권리를 보호하기 위한 노력
· 네트워크 활성화 : 홈스쿨러 가정 소개, 지역 모임 활성화, 전국 지회 협력 운영
· 단체(모임) 활성화 : 지원 단체 /홈스쿨 단체와 협력을 통해 홈스쿨 활성화를 위한 지원
· 매거진 제작 : 홈스쿨러 가정에서 받아볼 수 있는 홈스쿨 정보지를 보급
· 국제홈스쿨연맹 : 국제 홈스쿨 연맹에 가입하여 협력함으로 국제적 활동
· 행사 주최 : 컨퍼런스, 엑스포, 정기 강좌, 축구대회, 음악회, 가족 캠핑 등 연합 활동
· 허브 역할 : 홈스쿨러와 각종 단체의 허브 역할로 서로를 연결
· 학습 정보 제공 : 다양한 분야의 학습 단체 및 대안 교육을 발굴하고 소개

상담 및 문의
010-7309-8283 / contact@khomeschool.com
웹사이트 : http://khomeschool.com

조슈아홈스쿨아카데미(JHA)는 홈스쿨을 통해 하나님의 방식으로 자녀를 교육하기 원하는 그리스도인 가정들을 돕기 위해 세워진 비영리 홈스쿨 지원기관이다. JHA는 2002년부터 시작된 홈스쿨 부모들의 협력모임에서 출발하여 2007년 9월 새 이름을 갖게 되었다. 홈스쿨 가정들이 성경적인 기초 위에 분명한 가치를 정립할 수 있도록 하고 부모를 교육하고 지역 네트워크를 통해 좀더 쉽게 홈스쿨을 시작할 수 있도록 지원하며, 홈스쿨 가정들과의 교제를 통하여 다양한 정보와 활동할 수 있는 기회를 제공하고 있다. 또 각 가정 학교의 교육과정과 방법, 부부 문제, 자녀 문제 등을 상담하고 필요한 자원을 공급하는 가정지원센터로서의 역할도 하고 있다. 각 지원 모임의 리더들이 다른 가정을 섬기는 일에 더욱 헌신될 수 있도록 코칭 패밀리를 육성하고, 특별히 지역 교회의 홈스쿨을 돕기 위하여 홈스쿨 세미나와 품성 학교, 부모 교육 등을 지원한다.

· 코업 협력 모임 : 홈스쿨 가정들이 함께 공부하고 경험을 나누고 격려하는 모임
· 부모 교육 : 주별, 월별, 학기별 등 다양한 필요에 따른 부모 교육 프로그램 제요
· 로고스북 커리큘럼 제공 : 품성과 성경 중심의 통합교육 커리큘럼 제공(4년 과정)
· 가정 상담 : 홈스쿨링의 진행, 가정 문제, 학습 과정, 스케줄 관리 등 상담 지원
· 홈스쿨 가족 캠프 : 자연학습, 음악, 영어, 과학, 독서 등 전문기관과 협력한 캠프 진행
· 클럽 활동 : 스포츠 클럽, 소녀 클럽, 자연학습 클럽, 과학 클럽 등 관심사별 활동 제공

상담 및 문의
010-3319-0091, 031-774-3325 / jongchul52@hanmail.net
웹사이트 : http://jhakorea.org

글로벌홈스쿨링아카데미
Global Homeschooling Academy

글로벌홈스쿨링아카데미는 성경적 홈스쿨을 추구하는 기독 홈스쿨러들을 실제적으로 도우며 가정과 교육의 회복과 대안적 모델을 제시하는 지구촌교회의 홈스쿨 지원 사역이다. 글로벌홈스쿨링아카데미는 기독교 세계관에 기초한 원안 교육인 홈스쿨링을 통해 가정과 교회와 교육의 회복과 성장을 추구하며 민족을 치유하고 세상을 변화시키는 비전을 가지고 있다. 현재 성경적 홈스쿨링을 통해 교회와 세상에 성경적 가정과 교육 모델을 제시하고 영성, 인성, 지성이 균형 있고 통합된 성장을 이루는 예수님의 제자와 하나님 나라의 백성을 길러내고 있다.

· 성경적 원안 교육 : 교회와 기관으로서 성경적 원안 교육의 역할 모델
· 가정회복운동 : 부모 훈련과 자녀 훈련을 통한 영성 및 성품 훈련
· 성경적 이론 정립 및 보급 : 기독교 세계관에 기초한 통합교육 커리큘럼 개발 및 지원
· 관련 프로그램 개발 및 운영 : 원안교육 및 홈스쿨링 관련 프로그램 개발 및 운영
· 홈스쿨링 가족들의 공동체성과 성경적 리더십 개발을 위한 협력 모임 운영
· 각종 홈스쿨링 관련 특강, 세미나, 워크숍 및 캠프 지원 및 개최

상담 및 문의
031-716-9026 / admin@globalhome.or.kr
웹사이트 : http://globalhome.or.kr

GPN(Godly Parenting Network)

GPN은 10년간 이어온 고양·파주지역 홈스쿨 네트워크 모임을 넘어 가치 중심의 비전 공동체로서 "신앙 가문으로 경건한 다음 세대를 세워가는 하나님의 비전"에 동감하고 동참하며 동역하는 주체들(교회/기관/가정/개인)과 두루 연대하여 전국 곳곳에서 건강한 홈스쿨 생태계를, 더 나아가 온 땅에 하나님 나라를 세워가라는 부르심을 받고 시작되었다.

　GPN은 기존의 고파네와 원안크로스+뿐만 아니라 이 비전에 공감하고 동의하여 동역하기를 원하는 주체들이 함께 힘을 모아 GPN홈스쿨연구소, 법률지원센터, 자료센터, 상담센터, 홈스쿨 마을공동체 등을 세워나가기 위해 준비하고 있다. 이와 같은 일을 통해 우리 자녀들이 경건한 다음 세대로 자라나 세계 속에서 하나님의 사랑을 전하는 일꾼으로 든든히 세워져야 한다.

　이러한 사역은 단지 몇 명의 열심으로 되는 것이 아니라 비전과 가치에 공감하고 동역을 원하는 모든 교회, 기관 및 단체, 홈스쿨 지역 네트워크 모임, 가정과 개인 등 뜻과 재능을 모으고 함께 연대해야 한다. 우리 삶의 자리에서 원안으로서 홈스쿨링을 적용하여 하나님이 기뻐하시는 가정을 만들어가는 사역에 우리가 모두 신실하게 반응하며 서로 두 손을 맞잡고 함께 걸어 나아갈 수 있기를 바란다.

· 동참회원 : 연구 기획/사무 행정/교육 훈련
· 기도회원 : 매일/매주/매월/매년 정기적인 중보 기도
· 후원회원 : 개인/가정 월 1만원, 교회/기관/단체 일정액 이상

GPN 섬김이
임종원 비상임대표 / ljw2000@hanmail.net / 010-2551-2767
관련 커뮤니티 : http://cafe.daum.net/biblicaleducation

GPN 동역 신청서

지역 홈스쿨 네트워크 모임

각 지역마다 가까운 곳에서 홈스쿨 가정들이 참여할 수 있는 지역 홈스쿨 네트워크 모임을 소개한다. 반드시 거기에 등록하고 소속되어 해당 프로그램을 일정 부분 쫓아가야 하기 때문에 참여나 활동이 다소 엄격하고 어려운 홈스쿨 기관이나 단체와는 다르다. 각 모임마다 운영 원칙이나 사정이 다를 수는 있지만, 각 가정에서 자유롭게 독립적이고 주체적으로 홈스쿨을 진행해 나가면서도 지역 홈스쿨 가정들이 함께 모여 느슨하게 연대하면서 자유롭게 참여하고 활동할 수 있는 곳이 바로 지역 홈스쿨 네트워크 모임이다. 홈스쿨러 및 관심 있는 분들에게는 홈스쿨링을 실제적으로 이해하고 도움을 얻고 조언을 구할 수 있는 모임으로서 함께 홈스쿨링을 하고 있는 가정들을 만나는 것만으로도 큰 힘이 될 것이다.

서울노원 홈스쿨 네트워크 모임	서영희	010-4999-4284
서울강서 홈스쿨 네트워크 모임	김상태	010-5117-9143
인천지역 홈스쿨 네트워크 모임	이상현	010-7327-2926
고양파주 홈스쿨 네트워크 모임	임종원	010-2551-2767
광명지역 홈스쿨 네트워크 모임	박미순	010-2524-6225
오산지역 홈스쿨 네트워크 모임	신현정	010-9808-4110
천안아산 홈스쿨 네트워크 모임	이덕주	010-6565-8425
송탄지역 홈스쿨 네트워크 모임	이대인	010-9800-2156
청주지역 홈스쿨 네트워크 모임	박영우	010-9014-5615
대전지역 홈스쿨 네트워크 모임	장태주	010-3435-0316
경북지역 홈스쿨 네트워크 모임	김진선	010-9162-0730
대구지역 홈스쿨 네트워크 모임	정민아	010-5653-2237
부산경남 홈스쿨 네트워크 모임	박기영	010-8724-9294
울산지역 홈스쿨 네트워크 모임	권지원	010-2818-7900
서부경남 홈스쿨 네트워크 모임	이영희	010-7525-7139
거제지역 홈스쿨 네트워크 모임	이종수	010-2648-5891
광주지역 홈스쿨 네트워크 모임	이경선	010-7661-9701
전주지역 홈스쿨 네트워크 모임	이철민	010-2618-0744
강원지역 홈스쿨 네트워크 모임	이태진	010-9423-1266
제주지역 홈스쿨 네트워크 모임	김유리	010-3163-7773

홈스쿨 포털 아임홈스쿨러는 성경적인 가치관으로 자녀를 양육하고자 하는 홈스쿨러들의 활발한 커뮤니케이션을 위해 만들어졌다. 아임홈스쿨러는 홈스쿨지원센터에서 운영을 지원하고 있다. 아임홈스쿨러는 다음과 같은 일들을 기대하며 사역하고 있다.

· 홈스쿨러간의 소통 : 쉽지 않은 길을 걷는 홈스쿨러들이지만, 부모와 자녀가 변화하고 회복되는 것은 하나님이 기뻐하시는 길이기에 묵묵히 이 길을 걷고자 한다. 하지만 함께 걷는 동행자가 있다면 조금 덜 외롭고 힘이 날 것이다. 홈스쿨러 간의 다양한 소통이 있기를 바라며 특별히 지방 홈스쿨러 간의 소통 공간이 되고자 한다.
· 정보 교류 : 다양한 정보들이 오고감으로서 서로간에 유익을 끼치고자 한다. 대다수 삶들은 주기보다 받기를 원하지만 나눔으로 함께 축복을 누리는 아임홈스쿨러가 되고자 한다.
· 홈스쿨링의 가치 전달 및 확산 : 홈스쿨링은 일반적으로 알려진 것처럼 단순히 학교를 안 가고 집에서 공부하는 것이 아니다. 신앙과 일치된 교육을 통해 우리 자녀를 그리스도의 제자로 삼는 홈스쿨링 가치들이 아임홈스쿨러를 통해 확산되기를 기대한다.

상담 및 문의
050-5504-5404 / 4idad@naver.com
웹사이트 : https://imh.kr
홈스쿨지원센터 : http://homeschoolcenter.co.kr